二战经典**战役**系列丛书

死战中途岛

白隼 编著

北方联合出版传媒(集团)股份有限公司
万卷出版公司

ⓒ 白隼 2018

图书在版编目（CIP）数据

死战中途岛 / 白隼编著. — 沈阳：万卷出版公司，
2018.8
（二战经典战役系列丛书）
ISBN 978-7-5470-5021-7

Ⅰ. ①死… Ⅱ. ①白… Ⅲ. ①太平洋战争 - 海战 - 史
料 Ⅳ.①E195.2

中国版本图书馆CIP数据核字（2018）第169122号

出 品 人：刘一秀
出版发行：北方联合出版传媒（集团）股份有限公司
　　　　　万卷出版公司
　　　　　（地址：沈阳市和平区十一纬路25号　邮编：110003）
印 刷 者：辽宁新华印务有限公司
经 销 者：全国新华书店
幅面尺寸：170mm×240mm
字　　数：208千字
印　　张：14.5
出版时间：2018年8月第1版
印刷时间：2018年8月第1次印刷
丛书策划：陈亚明　李文天
责任编辑：赵新楠
特约编辑：吴海兵
责任校对：张希茹
装帧设计：亓子奇
ISBN 978-7-5470-5021-7
定　　价：49.80元
联系电话：024-23284090
传　　真：024-23284448

前　言

1931 年 9 月 18 日，日本关东军在沈阳制造了九一八事变，日本帝国主义的魔爪开始伸向有着五千年文明的中华大地，中国最屈辱的历史从此开始。1939 年 9 月 1 日，希特勒独裁下的德国军队闪击波兰，欧洲大地不再太平，欧洲人的血泪史从此开始书写。一年后，德国、意大利、日本三个武装到牙齿的独裁国家结盟，"轴心国"三个字由此成为恐怖、邪恶、嗜血的代名词。

德、意、日三国结盟将侵略战争推向极致。这场战争不仅旷日持久，而且影响深远。人类自有战争以来从未有过如此大规模、大杀伤力、大破坏力的合伙野蛮入侵。"轴心国"的疯狂侵略令全世界震惊。

面对强悍到无以复加的德国战车，面对日本军队疯狂的武士道自杀式攻击，被侵略民族不但没有胆怯，反而挺身而出，为了民族独立，为了世界和平，他们用一腔热血抒写不屈的抵抗，用超人的智慧和钢铁意志毫不犹豫地击碎法西斯野兽的头颅。

战役是孕育名将的土壤，而名将则让这块土壤更加肥沃。这场规模空前的世界大战，在给全世界人民带来无尽灾难的同时，也造就了军事史上几十个伟大的经典战役，而这些经典战役又孕育出永载史册的伟大军事家。如果把战役比作耀眼华贵的桂冠，那么战役中涌现出的名将则是桂冠上夺目的明珠。桂冠因明珠而生辉，明珠因桂冠而增色。

　　鉴于此，我们编辑出版了这套《二战经典战役系列丛书》。其实，编辑出版这套丛书是我们早已有之的宏愿，从选题论证、搜集资料、确定方向到编撰成稿，历经六个春秋。最终确定下来的这20个战役可谓经典中的经典，如历史上规模最大的海战莱特湾大战，历史上规模最大的航母绝杀，历史上规模最大、最惨烈的库尔斯克坦克绞杀战……我们经过精心比对遴选出的这些战役，个个都特色鲜明，要么让人热血沸腾，要么让人拍案叫绝，要么让人扼腕叹息，抑或兼而有之。这些战役资料的整理花费了我们相当多的时间和精力，兴奋、激动、彷徨、纠结，一言难尽。个中滋味，唯有当事人晓得。

　　20个战役确定下来后就是内容结构的搭建问题。我们反复比对已出版的类似书籍，经过研究论证，最终形成了自己的特色。历史拐点（时间点）往往是爆发点，决定历史的走向，而在这个历史拐点上，世界上其他地方正在发生什么？相信很多人对此都会比较感兴趣。因此，我们摈弃了传统的单纯纪事本末叙述方式，采用以时间轴为主兼顾本末纪事的新颖体例。具体来说，就是在按时间叙事的同时，穿插同一时间点上其他战场在发生什么，尤其是适当地插入中国战场的情况，扩大了读者的视野。

　　本套丛书共20册，每册一个战役，图文并茂，具有叙事的准确性与故事的可读性，并以对话凸显人物性格和战争的激烈与残酷。每册包含几十幅精美图片，并配有极具个性的图说，以图点文，以文释图，图文相得益彰。另外，本套丛书还加入了大量的原始资料（文件、命令、讲话），并使其自然融入相关内容。这样，在可读性的基础上，这套丛书又具备了一定的史料价值，历史真实感呼之欲出，让读者朋友不由自主地产生一种穿越的幻觉。

本套丛书的宗旨是让读者朋友在轻松阅读的同时，对第二次世界大战有一个整体的认知，力求用相关人物的命令、信件、讲话帮助读者触摸真实的历史、真实的战场，真切感受浓浓的硝烟、扑鼻的血腥和二战灵魂人物举手投足间摄人心魄的魅力。

品读战役，也是在品读英雄、品读人生，更是在品读历史。战役有血雨腥风，但也呼唤人道。真正的名将是为阻止战争而战的，他们虽手持利剑，心中呼唤的却是和平。相信读者朋友在读过本套丛书后，能够对战争和名将有一个不一样的认识。

最后，谨以此书献给那些为和平、为幸福奋斗不息的人们！

目　录

第一章　美军帮了山本大忙

美军空袭东京对大多数日本人来说是一场灾难，但对山本和他的联合舰队来说却成了好事，命运的天平开始倾向山本。海军军令部中坚决反对中途岛"东进作战"计划方案的人不得不承认来自东方的威胁比来自南方的威胁更大，更现实。

◎ 山本盯上了中途岛

　　偷袭珍珠港后，日本所有舰队都在庆祝这一史无前例的伟大胜利，大小舰艇一律挂满了彩旗。官兵们举着清酒、啤酒、香槟在甲板上穿梭，不论军衔高低，互相碰杯狂饮。东京的元旦更是一片欢腾，日本各大报纸扩大版面，刊登奇袭珍珠港等战地的巨幅照片，宣布自去年12月8日开战以来，短短二十几天，大日本帝国海军便以惊人的速度取得了如此辉煌的战果。

　　这个时候，珍珠港偷袭战的策划者、日本联合舰队总司令山本五十六海军大将的头脑非常清醒，对参谋长宇垣缠说："珍珠港战役唤醒了一个沉睡的巨人，一旦美国经济纳入战争轨道，数不清的飞机、坦克和军舰将会一拥而上，而贫瘠的日本岛国只能望洋兴叹。因此，必须趁这个'巨人'醒来之前彻底摧毁其太平洋舰队，完成袭击珍珠港未竟的事业。"

　　在山本看来，日本转攻为守就是给美国时间，让美国人重整军备，卷土重来。美国经济和军事潜力雄厚，一旦缓过神儿来，将是日本灾难的开始。

山本认为，只有迅速消灭美国太平洋舰队才是结束战争的最佳捷径。他力主进攻，创造一次比珍珠港更大的奇迹，彻底歼灭美国的太平洋舰队。

山本五十六

　　山本五十六，1884年4月4日生于日本新潟县长冈市，是父亲高野贞吉的第6个儿子。这一年高野贞吉56岁，所以给儿子取名"高野五十六"。1901年，17岁的高野五十六以第2名的成绩考入江田岛海军学校第32期。1904年以第7名毕业后在"日进号"装甲巡洋舰上任少尉见习枪炮官，并参加了1904—1905年的日俄战争。在日俄对马海战中，他负了重伤，左手的食指、中指被炸飞，留下终身残疾。1908年，进入海军炮术学校学习，1914年，以上尉军衔进入海军大学深造，1915年晋升为少佐。

　　1916年，高野五十六经牧野忠笃子爵介绍，过继到旧长冈藩家老山本家，成为山本带刀的义子，从此"高野五十六"改名为"山本五十六"。同年，山本五十六毕业于日本海军大学第14期。1919年，山本五十六奉命到美国哈佛大学学习，同年12月在美国波士顿被晋升为海军中佐。1923年12月晋升大佐。1925年，山本五十六出任日本驻美国大使馆海军武官。

1928年，山本五十六从美国归国，先后在"五十铃号"巡洋舰、"赤城号"航空母舰上担任舰长。1929年晋升为少将，并出任海军航空部技术处长、第一航空队司令官、海军航空本部长、海军次官等职。山本在权力范围内大力发展航空母舰和舰载飞机，并组织部队进行严格训练，使日本拥有了在当时领先世界的海军飞机，对日本海军航空兵的发展起了重要作用。1934年11月，山本晋升为中将。

1939年，山本五十六出任日本联合舰队司令，坚决拥护侵略扩张政策，支持并参与了侵华战争；尽管不主张对英、美、荷开战，但是坚决执行大本营的决策。1940年11月，山本被授予海军大将军衔，他强调先发制人，力主在对美开战之初以舰载航空兵袭击珍珠港，消灭美国太平洋舰队主力，确保日军进攻东南亚的翼侧安全。重视海军航空兵在海战中的作用，但未能完全摆脱"巨舰大炮制胜"理论的束缚，企图在美太平洋舰队得到加强前以海上决战的传统战法将其歼灭，结果导致日本海军在中途岛海战和瓜达尔卡纳尔岛海战中遭惨败。1943年4月18日，在视察部队途中，因其座机被美机击落而丧生，死后追授为元帅。

山本五十六身高仅1.59米，是日本海军中最著名的提督，号称"太平洋之鹫"，他性格十分特殊。作为一个大胆的有独特见解的战略家和赌徒，山本五十六最喜欢玩象棋、扑克或桥牌，他经常让身边的人陪他通宵打扑克，条件是谁先提出不玩就算认输。他的一位部下曾说过："赌博时，山本总爱冒险，正如他打仗一样。他有一颗赌徒的心。"

　　随后的一个月里，日本联合舰队参谋长宇垣缠在司令长官山本五十六的授意和支持下，和他的参谋班子足不出户，冥思苦想如何才能把山本的战略思想变成联合舰队的实际行动。宇垣缠有一个得力的参谋班子，他们同宇垣缠一样对山本极端崇拜。其中首席参谋黑岛龟人海军大佐是个怪才，他的酒量、饭量大得惊人。他的思维虽然有些古怪曲折，却非常敏捷，山本对其甚为器重。另一个作战参谋是渡边安次海军中佐，他是联合舰队参谋班子里黑岛最好的朋友，也深得山本赏识。渡边与黑岛形成鲜明的对比，高高的个子，瘦骨嶙峋，长方脸，洁白的大牙，笑起来显得十分温和，没有一点儿军人的霸气。然而，作为一个作战参谋，渡边的才能在众多参谋中熠熠生辉。

　　宇垣缠和他的参谋班子首先将作战目标锁定在澳大利亚，但很快便否定了。进攻澳大利亚，陆军显然不会同意，因为需要十几个陆军师团，而陆军肯定不愿意在中国之外再背上一个包袱。后来，他们又想到进攻斐济、新喀里多尼亚和萨摩亚等群岛，切断美国与澳大利亚的交通线。这样固然可以扼杀澳大利亚，孤立美国，但是不能直接打击美国，早日结束战争。他们甚至想到了直接攻击美国本土，然而难度实在太大了，日本目前根本不具备这种实力。选来选去，只有夏威夷了，此处是拱卫美国西海岸的唯一屏障，也是美国在中太平洋至南太平洋防线上的重心。一旦攻占这个地方，不要说澳大利亚唾手可得，日本海军从此就可以在太平洋上随心所欲、纵横驰骋，甚至可以兵临美洲西海岸。显然，这也有点不太现实，夏威夷距离日本太远了，而且珍珠港聚集了美国太平洋舰队主力及相当数量的航空兵力，庞大的进攻部队将暴露在美国空中势力范围内。

宇垣缠等人继续研究，最终不约而同地将目光锁定在中途岛。中途岛，位于北太平洋中部，面积仅 5.2 平方公里，与美国本土旧金山和日本横滨的距离均为 2800 海里，处于亚洲和北美之间的太平洋航线的中间，故名中途岛。该岛由东岛和沙岛组成，外围环绕着直径 11 公里的环礁。东岛长约 3000 米，宽约 1500 米，地势平坦，建有一座机场；沙岛长约 3000 米，宽约 2500 米，北部有一个港口。另外，该岛距珍珠港 1135 海里，是美国在中太平洋地区的重要军事基地和交通枢纽，也是美军在夏威夷的门户和前哨阵地。中途岛一旦失守，美国太平洋舰队的大本营珍珠港势必唇亡齿寒。

区区中途岛本来并不起眼，但它所处的位置及机场和港口太重要了，是名副其实的战略要地。岛上的美军飞机可以有效控制周围 600 海里半径的海域。日本舰队一旦直接进攻夏威夷，就会受到中途岛与夏威夷两方面的夹击。反之，日本如果占领了中途岛，就可以将它的战略前沿大幅向东推进，利用岛上的海空基地形成对美国太平洋舰队的有效监视和警戒，一旦准备就绪，即可直扑夏威夷。宇垣缠坚信，美国人不会坐视中途岛丢失。既然美国人会全力争夺，日本联合舰队当然不会错过这一歼灭美国太平洋舰队主力的良机。

◎ 中途岛计划受阻

　　1942 年 1 月 14 日，当日本朝野仍然沉浸在胜利的狂欢中时，太平洋彼岸的华盛顿公布了一个反轴心国的《联合国家宣言》。美国总统罗斯福和英国首相丘吉尔都在上面签了字，中国驻美大使宋子文、苏联驻美大使李维诺夫也在宣言上签字。次日，澳大利亚、比利时、加拿大、荷兰等国也分别在宣言上签字。最后，参加签字国达 26 个，日本已经成为众矢之的。

　　1 月中旬，日本联合舰队参谋长宇垣缠向司令长官山本五十六汇报了中途岛海战的初步设想：联合舰队的下一个作战目标是中途岛。如果攻占了中途岛，可立即将岸基航空兵配置在该岛。各方面一旦准备就绪，即刻以联合舰队的决战兵力大举进攻夏威夷，全歼美国在太平洋上的主力。期间，如果美军舰队驰援中途岛，即毫不犹豫地实施决战。

　　然而，令山本五十六没有想到的是，他的中途岛作战计划（又称"东进计划"）如同当初提出偷袭珍珠港的作战计划一样，从一开始就遭到反对。

中途岛战役计划刚刚出笼，即遭到海军军令部的强烈反对。海军军令部的军官们自恃清高，常常以眼光远大、富有全局战略观而高高在上。联合舰队的军官把军令部一帮人视为只会坐在办公室里纸上谈兵的空想军事家。与美国开战以来，两派多次出现对立。当初，山本力主奇袭珍珠港，军部很多人就表示反对，最终在山本发出辞职威胁后才被迫做出让步。珍珠港偷袭战的成功反而进一步助长了两派间的对立。

山本五十六和宇垣缠制订中途岛作战计划的同一时间，海军军令部也拟订了一个作战计划：逐步控制新几内亚岛东部、所罗门群岛南部及新喀里多尼亚至斐济一线，切断美、澳之间的交通线，以孤立澳大利亚，这项计划被称为"南进作战"计划。

珍珠港遭袭后不久，美国总统罗斯福就说过，要以牙还牙，轰炸日本本土。然而，如此远距离轰炸谈何容易，因此始终拿不定主意。一天，美国海军总司令金的一位作战参谋突发奇想：如果让陆军的远程轰炸机从航空母舰上起飞，就能缩短轰炸距离，这样一定可以打日本人一个措手不及。这位参谋大胆的想法引起了金和美国陆军航空兵的兴趣。

3月初，美国24组陆军机组人员集中到佛罗里达州的埃格林机场，练习在152米长的跑道上起飞B-25型双引擎战略轰炸机。他们的指挥官既是航空学家，又是几次打破飞行纪录的优秀飞行员。他创造了多个第一：第一个以12小时横贯美国；第一个飞出别人不可能完成的动作——外圈筋斗；第一个做到盲目着陆。这个人就是美国航空界赫赫有名的詹姆士·杜立德中校。

3月中旬，日本联合舰队总司令山本五十六简要地通知了海军军令部，说他正在研究进攻中途岛的计划。海军军令部作战部部长福留繁当即答复说，军令部已经有了一个"南进作战"计划，因此进攻中途岛的"东进作战"计划可能会通不过。

4月1日，杜立德最后筛选出的16个机组悄悄抵达加利福尼亚州的阿拉米达基地，登上了"大黄蜂号"航空母舰。次日早饭后，杜立德把他们集中到餐厅，并宣布："各位，你们有人还不知道要去干什么，有人一直在猜测我们要干什么。现在，我明确告诉大家，我们是去轰炸日本本土。13架飞机炸东京，另外3架分别轰炸名古屋、大阪和神户。海军会把我们送到尽可能靠近日本的地方，从甲板上起飞而不是我们熟悉的陆上跑道，谁想退出现在讲还来得及。"没有一个人临阵退缩。在2艘巡洋舰、4艘驱逐舰和1艘油轮的护送下，"大黄蜂号"驶过金门桥，开始执行前所未遇的任务。

4月2日，日本联合舰队总司令山本五十六派作战参谋渡边安次中佐赴东京，正式递交中途岛"东进作战"计划方案，提请海军军令部核准实施。没想到海军军令部却派出谈判高手三代中佐。双方据理力争，陈述各自的主张。

三代早有准备，他简单地看了看联合舰队的作战计划，便提出了一大堆反对中途岛作战计划的理由。他的理由是，日本有史以来从未有过如此远距离的海战，中途岛几乎10倍于当年旅顺口的航程，燃料的供应，军火的运输，伤员的处理，困难重重。总之，中途岛作战在战术上有太多的不利条件，就算占领了中途岛，它的战略价值也值得怀疑。况且现代战争，国家和民族的命运可能取决于一场重大的战役，而战役的成败在很大程度上取决于最高指挥官的能力。成败不可能在会议桌上决定，只能由最高指挥官临战随机应变。这次海上攻击战，将投入日军海空力量的全部主力，这个赌注显然太大了。

渡边安次说，太平洋战争战略的成败取决于消灭美国舰队尤其是消灭太平洋舰队。况且美日武装力量的均势最多在战争开始后两年内就要发生有利于美国的变化，敌人的军工生产很快会急剧上升。时间紧迫，唯一的办法就是速战速决，摧毁美国的海军主力。战争开始时东条英机首相曾提出过速胜论。退一步想，如果美国避开联合舰队的挑战，我们就可以把防御圈向西推进，至少可以延伸至阿留申群岛。渡边振振有词地说："三代君也许在担心我们联合舰队官兵的士气，我可以坦率地告诉你，当下官兵斗志高昂，将士们宁可死也不愿意退守防线。"

"不不，渡边君，我担心的不是这个。"性格沉静、工于心计的三代连连摇头，"我认为，中途岛作战无论在战术上还是战略上都不明智，有些操之过急，风险太大了。"随后，他提出如下几点反对理由：

1. 中途岛靠近美国太平洋主要基地夏威夷，除航空母舰外，美军还能充分使用潜艇和驻夏威夷的大型岸基飞机，对该岛进行支援。珍珠港的惨败已引起美军高度警觉，因此联合舰队很难形成战役的突然性。

2. 联合舰队长途奔袭，舰队远离岸基飞机的警戒范围。如此一来，航空母舰必须抽出部分宝贵的空中突击力量执行侦察警戒任务。这势必要削弱舰队的突击力量。

3. 虽然不能排除与美国舰队决战的可能，但海军军令部认为美军不大可能为中途岛孤注一掷。中途岛远离日本本土而距夏威夷较近，美军有很多选择。

4. 就算占领中途岛，也会面临补给和防御美军反攻等方面的严重问题。中途岛除了远离日本本土外，面积又小，一旦遭到来自海上和空中的打击，驻岛飞机将很难疏散，损失会非常大。为了避免遭受这种攻击，日本必须实施大规模的空中巡逻，为此需要动用大量飞机，耗费大量燃油。长此以往，补给和运输问题是日本难以承受的。

5. 联合舰队认为占领中途岛将有效地威胁夏威夷，沉重打击美国人的作战意志，从而为早日结束战争铺平道路。军令部认为这种想法过于乐观，即便占领中途岛，向夏威夷进军仍然需要冒非常大的风险，同时还威胁不到美国本土，所以对美军官兵的影响很小。

最后，三代告诉渡边，战争爆发不到半年，一下子就想打到夏威夷群岛的大门口中途岛，这个赌注实在太大了。他坚持认为海军军令部的计划，新喀里多尼亚、斐济、萨摩亚等地虽然远离日本，但是距美国基地也很远，因而可使美国丧失维护中途岛时的有利条件。南太平洋的新喀里多尼亚等岛屿比中途岛大得多，更具军事价值。至于引出美国舰队进行决战的问题，三代认为进攻斐济群岛以及萨摩亚群岛等地比进攻中途岛更有可能达此目的。因为一旦攻占这些岛屿，将会对美、澳之间的交通线构成致命威胁。美国绝对不会坐视不管，甚至能诱使其出动太平洋舰队。

三代和渡边谈了 3 天，吵了 3 天，谁也没有说服谁。

◎ 美国人开始行动

4月2日，美军"大黄蜂号"航空母舰载着16架经过改装的B-25轰炸机驶离旧金山，在"文森斯号"重巡洋舰的护航下，穿过雄伟的金门大桥，消失在太平洋无边的雨雾中。

4月5日，日本海军军令部作战部部长福留繁亲自参与会谈。他不分青红皂白对山本五十六的中途岛作战计划提出指责，并讥讽渡边安次只知蛮干。渡边不敢直接顶撞福留繁，没有办法，只好激愤地离开。他到隔壁房间给联合舰队总司令山本五十六打电话，向长官汇报了会谈的情况。

山本默默地听着，感到他的权威受到了挑战。在日本海军中，山本不仅具有指挥才干，而且具有大胆甚至冒险决策的能力。像许多日本人一样，山本有着浓厚的樱花情结，宁愿在短暂的时间内凋谢，也要开放得绚丽无比。很多人称他为赌徒，偷袭珍珠港就是他进行的一次赌博，那一次赌赢了，为日本赢得了巨大的荣誉。珍珠港的胜利不仅使山本名声大噪，而且使他对自己策动战争的能力更加深信不疑。

山本听完渡边的汇报后，以命令口吻说："告诉那帮浑蛋，如果我们的作战计划不被接受，我将辞去司令长官的职务。"

跟珍珠港偷袭战之前一样，又是以辞职相要挟。

有了山本在背后撑腰，渡边信心十足地回到会谈室，尽量压低声调，以平和的语气对福留繁说："我们太平洋的整个战略的成败取决于能否摧毁美国的舰队尤其是航空母舰特混部队。军令部则主张切断美、澳之间的供应线。为了实现这一目的，它力求把某些地区置于日本控制之下，但是最直接且最有效地实现这一目的的方法是摧毁敌人的航空母舰部队。没有航空母舰部队，则敌人的供应线就会出现严重的问题。我们相信按拟议的计划进攻中途岛，我们有把握把敌之航空母舰部队吸引出来并在决战中加以摧毁。万一敌人避开我们的挑战，我仍然可以把我们的防御周边毫无阻碍地推进至中途岛和西阿留申群岛。"

渡边最后加重语气说："山本司令长官对军令部的做法很不理解，表示要是军令部不批准'东进作战'计划的话，他将辞去联合舰队总司令的职务。"

山本辞职是他的一张王牌，是军令部最头疼的。珍珠港大胜后，在日本，山本成了仅次于裕仁天皇的偶像。一旦国民得知是由于军令部的反对而导致山本辞职，恐怕很多人都会背上卖国的嫌疑，而且永远洗刷不清。毕竟在山本巨大的光环下，这些人都是微不足道的人物。海军军令部最终原则上同意了山本五十六的"东进作战"计划。然而，海军军令部并不甘心，他们抓着作战计划的一些枝节问题不放，对作战计划很多具体问题提出质疑。山本预定进攻中途岛的日期在 6 月初，军令部执意要他推迟 3 个星期，理由是准备会更充分。双方在诸如此类的细节问题上争来争去，直到4月中旬都没有定下来。

4月8日，威廉·哈尔西海军中将率领"企业号"航母编队从珍珠港起航，编队构成是2艘巡洋舰、4艘驱逐舰和1艘油轮。"企业号"航母编队的目标是与来自美国本土的"大黄蜂号"航母编队会合，然后一同前往执行轰炸日本本土的任务。然而，此时的日本人对此一无所知，直到两天后，日本联合舰队的无线电情报人员才截获"企业号"航母编队与珍珠港方面的来往电报。他们推测，如果美国这支舰队继续西进，极有可能是来轰炸东京。日本人以其特有的精确进行了推算：舰载飞机航程有限，美国舰队必须驶到离东京400海里内的海面才能起飞，否则飞机将无法返航。日本的警戒网一直延伸到离海岸700海里的地方，所以在美国舰载机起飞前，日军有足够的时间发起攻击。日本人的估计准确无误，只是他们没有想到美军用的不是海军普通的舰载机，而是陆军的远程战略轰炸机，预定的起飞点距离目标约500海里。

4月16日，美国"企业号"航母编队和"大黄蜂号"航母编队会合，组成第十六特混舰队，哈尔西任司令，直接向东京方向驶去。机组人员自信地认为一定能给日本人一些苦头。

此时的北太平洋海域浪高风急，船只稀少。4个多月前，日本舰队正是借助这条隐蔽航线对美军珍珠港基地一击成功。现在，美军第十六特混舰队恰恰是沿着日本人曾经走过的航线，携带着一架架满载炸弹的轰炸机悄然驶向日本本土。

"大黄蜂号"穿过北太平洋风暴区，在阿留申群岛和中途岛之间的一个指定地点同哈尔西的"企业号"会合，此次任务的代号是"迈克特遣舰队"。

特混舰队司令哈尔西通告了这次任务的目标后，全体人员欢声雷动。途中，特混舰队收到东京电台这样一则广播："英国路透社报道，美军3架轰炸机轰炸了东京。这种消息可笑之极，日本国民对这种宣传毫不在意，正沐浴在和煦的阳光和樱花的芬芳中。"轰炸东京飞行编队指挥官杜立德听后真想为日本人更正一下：我们有16架轰炸机而不是3架。日本的毫无防备增强了机组人员完成任务的信心。

4月17日，执行轰炸日本任务的美国陆军飞行员齐集甲板上，参加了一个特别的仪式。执行此次任务的航空队负责人杜立德把日本过去授给美国人的勋章交给飞行员们，要他们把这些勋章还给日本人。飞行员们把勋章系在炸弹上，并用粉笔写上"火烧东京！""请尝尝炸弹的滋味！"等讥讽的语句。仪式结束后，杜立德宣布次日起飞，因为第十六特混舰队将比原计划提前一天到达预定起飞地点。杜立德告诉飞行员们，他将第一个起飞，预计傍晚时飞抵东京。他强调说："你们在我之后两小时或三小时起飞，以我炸起的火焰为指示灯。"

最后，大家都提到了一个以前尽量回避的问题："如果在日本迫降的话该怎么办？"

"你们自行决定，反正我不想当俘虏。"杜立德接着说，"我先让机组人员跳伞，然后全速俯冲，哪个目标最划算就朝哪个目标冲去。我今年46岁了，已经活得心满意足了。

◎ 轰炸东京，帮了山本

4月18日早晨，威廉·哈尔西率领由"企业号"和"大黄蜂号"航空母舰、4艘巡洋舰、8艘驱逐舰等编成的特混舰队全速向日本本土驶去。"大黄蜂号"搭载16架改装的双引擎陆基B-25重型轰炸机执行轰炸任务。飞行员共80人，由杜立德率领，去完成这项震惊世界的空袭任务。这是一次绝密的军事行动，除了少数人外，连舰上的工作人员都不知道详细的任务。

6时30分，日本太平洋沿岸担任警戒任务的渔船在距离东京600公里的犬吠崎发现向西南方向飞去的美国侦察机，渔船随即向国内报告："敌人3架飞机向西南飞去。"日本海军军令部和联合舰队总司令部接到报告后，又收到其他舰艇发来的电报。日本防卫指挥部判断："肯定是美军的航母编队！"

哈尔西得知被日军舰艇发现后，非常紧张。杜立德飞行队原预定在夜间袭击日本，此时不得不改变计划，当机立断，改在白天空袭日本本土。然而，此时出发，B-25轰炸机将没有足够的燃油飞到中国，他们很可能会坠入中国的黄海。80 名将士毅然决定继续参加攻击，他们留下遗书，整齐地排列在甲板上等待起飞。

7 时 25 分，杜立德驾驶的第 1 号飞机，首先从距离东京约 1000 公里的地方起飞。随后，16 架飞机陆续起飞，超低空飞行，驶往日本。12 架飞临东京，1 架飞往横须贺、横滨，2 架飞往名古屋，1 架飞往神户。这些飞机起飞后，哈尔西指挥特混舰队立刻调转方向，全速返航。

日本犯了和珍珠港遭袭前美军同样的错误，接到报警电报后，海军部反应迟钝，一直没有发出警报，而担任本土防御任务的防卫总司令部和东部军防卫司令部也没有发出警戒警报。第十七飞行团曾派出战斗机在 4000 至 5000 米的高空警戒，但是由于美军是超低空飞行，所以没有被日机发现。和美军此前的错误一样，日本东部军司令部也收到过防空监视哨所的报告，说发现美军大型飞机，但是他们没有理会。

此时，美军的战机飞临日本城市上空。自开战以来，日本国民每天都叫嚷着"胜利了""胜利了"，可是让他们没有想到的是现在美军却把重磅炸弹投到头顶上，此时的日本民众才切实感受到了战争的恐怖。

12 时 15 分，东京上空突然出现了美国大型轰炸机。第一颗 225 千克重的炸弹投了下来，轰炸是在中午人们下班的时候进行的。225 千克重的炸弹一颗接一颗地呼啸而下，按预订计划击中了主要目标。东京的钢铁厂内顿时浓烟滚滚，东京南面的海军造船厂也遭到重创，一艘潜水艇和一艘巡洋舰被炸毁。当美军飞机掠过东京上空时，目瞪口呆的日本民众站在那里眺望，竟然忘了躲闪。

美军轰炸机投弹后迅速返航。由于临时改变计划，许多 B-25 轰炸机携带的燃油不够抵达中国境内，一些飞机坠入大海，还有一些紧急降落在中国的日本占领区内，被日军俘获。然而，还是有不少飞机在下午 3 时左右平安抵达中国空军基地。

空袭

美军在发动这次空袭前，有意将日本皇宫划出轰炸目标之外。杜立德飞行队出发前，总统罗斯福再三叮嘱不能轰炸天皇的宫殿。美机虽然飞临日本皇宫上空，但没有投弹。不过，裕仁天皇夫妇及其子女依然仓皇逃入防空洞，亲身体验了一下战争的恐怖滋味。

日本遭受轰炸的建筑有：日本柴油机制造公司、日本钢铁公司第一钢铁厂、三菱重工公司、交通部变电所、国家纤维服装公司、横滨制造公司仓库、名古屋飞机制造厂、1 座军工厂、1 所海军实验室、1 个机场、1 个临时军火供应站、9 幢电力大楼、6 只大油罐、1 家服装厂、1 间食品储藏仓库、1 家煤气公司、2 家其他公司、名古屋第二临时军用医院、6 所小学和初中。

美军此次轰炸的实际战果并不大。据统计，东京共死亡 39 人，伤 307 人，其他城市也略有损伤。不过，轰炸给日本人的心理打击却是巨大的，大和民族的自尊心受到了前所未有的挫伤。以防卫日本本土为己任的联合舰队对此有不可推卸的责任，联合舰队总司令山本五十六听说裕仁天皇在轰炸中被迫躲进防空洞时，又惊又愧。他连忙给天皇打电话，再三请罪，并保证采取措施，立即摧毁美国的航空母舰舰队。

美军空袭东京对大多数日本人来说是一场灾难，但对山本和他的联合舰队来说却成了好事，命运的天平开始倾向山本。海军军令部中坚决反对中途岛"东进作战"计划方案的人不得不承认来自东方的威胁比来自南方的威胁更大，更现实。海军军令部为没能保住首都的安全而不安，因而反对进攻中途岛的意见便烟消云散了。

4 月 19 日，也就是东京遭袭的第 2 天，山本五十六亲自给海军军令部打电话，理直气壮地说："进攻中途岛就是拱卫首都的安全，保卫天皇陛下的安全，这是帝国军人的神圣职责！"

下午，罗斯福在白宫召开记者招待会，会场气氛热烈。《洛杉矶时报》的一位女记者问红光满面的罗斯福："请问总统先生，轰炸东京的飞机是从哪个基地起飞的？"

罗斯福微笑着用他特有的幽默回答："香格里拉，我想是从那里。如果不是这样，亲爱的小姐，你说又能是从哪里呢？"

香格里拉是詹姆斯·希尔顿的小说《失去的地平线》中的神秘天堂，罗斯福以此掩盖了使用航空母舰这一事实。这次美国对东京的空袭使日本参谋本部颜面尽失，因为没有情报表明美军航母上有双发飞机，所以空袭过后数日内日本人仍不明白是怎么回事。将一系列的情报联系起来，包括发现美舰队、遭到空袭、在中国发现飞机残骸以及经过严刑拷打从俘虏那里得到口供，日本人终于明白了袭击的全过程。

日本联合舰队立即组织截击哈尔西的"迈克特遣舰队"，但是哈尔西的特混舰队轻易地躲开了追击的飞机，快速前行。几天后，日本海军只好放弃追击。

4月20日，日本陆海军军令部召开联席会议。海军军令部总长永野修身主持会议，决定延期执行"南进作战"计划，全力以赴攻占中途岛。会议授权联合舰队尽快拿出详细的作战方案。

山本五十六立即责令参谋班子昼夜加班，迅速制订出进攻中途岛的作战计划方案。作战计划方案包括3项独立又相互支援的作战行动：（1）占领西阿留申群岛；（2）占领中途岛；（3）实施舰队决战。战役的基本目的是通过占领中途岛为日本海军航空兵获取前进基地，继续向中太平洋和西南太平洋扩张，同时诱歼美国太平洋舰队。

◎ 大调兵，70年来从未有过

4月21日，美国海军部部长史汀生召见陆军参谋长马歇尔将军和陆军航空兵司令阿诺德将军，和两人认真谈了有关日军攻打西海岸的可能性。他在日记中写道："……我深感有这种危险：我们最近轰炸东京、横滨，日本人已大大地丢了脸，他们一定会动用航空母舰进行报复性反击。然而，我们西海岸的兵力严重不足，麻烦的是我们很难派出轰炸机去支援他们。"

4月27日，日本政府的英文报纸《日本时报与广告报》对美军空袭东京等地做了如下评论："这件事本身已经证明是一件不引人注意的小事，大多数东京市民没有意识到这次空袭警报与平时防空演习警报有什么不同……日本空防的成功可以从下面的事实看出来：只有约10架敌机在中午时突破了日本警戒线……一艘敌航空母舰可以起飞近百架飞机，但仅有10架突入我几乎密不透风的空防，这真是少有的记录。……这次空袭最确凿地证明美国现在处于多么绝望的境地……这次空袭纯粹是为了讨好他们的民众，堵民众的嘴巴，平息社会的批评……"

4月28日，山本五十六在"大和号"战列舰上召开会议，探讨战争第一阶段的经验教训。联合舰队作战参谋、山本的副官三和义勇说："……研究至今仍是场场胜利的战争，这样的会议令人愉快，可是并没有开出什么效果。"

会上，联合舰队第二航空战队指挥官山口多闻极力主张将联合舰队组建成以航空母舰为核心的3支庞大的机动部队。这与航空兵飞行员渊田美津雄中佐的思想是一致的，他俩认为日本有足够的战列舰、巡洋舰、驱逐舰等支援舰只用于掩护部队，有足够的航空母舰把两支庞大的机群送到海上，而且按预定计划到年底还会有足够的新的航空母舰组成第三支机动部队。空军认为联合舰队司令部同意了他们的建议，但是时间一天天地过去了，却总看不到建议付诸行动。

山本五十六对这种自吹自擂的气氛有些恼火。他在会议结束时作了简短的讲话，警告说："如果不根据长远计划进行更多的作战准备并在作战中作出更大努力，就很难取得最终的胜利。"他还强调指出："如果陶醉于过去的一系列胜利，认为我们将会战无不胜，这种思想犹如疾病缠身，是非常有害的。"

4月底，山本五十六将中途岛作战计划方案正式提交海军军令部总长永野修身批准。

5月5日，海军军令部总长永野修身奉天皇敕令，发布了《大本营海军部第18号命令》，正式下达代号为"米"的中途岛作战计划。

帝国联合舰队总司令长官山本五十六将军与陆军协同占领中途岛和阿留申群岛西部战略要地。此令。

中途岛登陆日期暂定为 6 月 7 日，登岛各部队必须在 5 月下旬分别由各基地出发。为了发动现代日本海军 70 年历史上最大的一次海战，山本五十六必须在半个月内完成庞大的备战工作。有海军军令部批准，有首相东条英机的首肯，加上裕仁天皇的敕令，山本理直气壮，万事俱备。为了完成梦寐以求的战略目标，山本开始调动所能调集的一切舰船，将所有兵力编为 6 个战役编队。

1. 先遣部队

由第六（潜艇）舰队司令小松辉久中将指挥，辖轻型巡洋舰 1 艘、潜艇 15 艘。其任务是先行侦察中途岛的美军情况及天气状况，并在开战前进抵中途岛至夏威夷之间组成潜艇警戒线，以阻击支援中途岛的美国舰队。

2. 第一机动部队

由第一航空舰队司令南云忠一中将指挥，辖重型航空母舰 4 艘、战列舰 2 艘、重型巡洋舰 2 艘、轻型巡洋舰 1 艘、驱逐舰 12 艘及各类舰载机 261 架。其任务是在登陆作战之前空袭中途岛的美军机场及各种设施，消灭岛上的美军航空兵，支援并掩护登岛部队作战，同时阻击可能来犯的美国舰队。

3. 攻占中途岛部队

由第二（重巡洋舰）舰队司令近藤信竹中将指挥，辖轻型航空母舰 1 艘、战列舰 2 艘、重巡洋舰 8 艘、轻巡洋舰 2 艘、驱逐舰 21 艘、水上飞机母舰 2 艘、运输舰船 15 艘及若干扫雷舰、猎潜艇等舰船，各类舰载机 56 架。舰上载有登岛部队 5800 人。其任务是在第一机动部队消灭中途岛的美军航空兵后，输送并掩护登岛部队占领中途岛，同时在中途岛附近海面阻击来犯的美国舰队。

4. 主力部队

由山本五十六亲自指挥，辖轻型航空母舰 1 艘、战列舰 7 艘、轻巡洋舰 3 艘、驱逐舰 21 艘、水上飞机母舰 2 艘（携带袖珍潜艇）以及各类舰载机 35 架。其任务是掌握中途岛、阿留申群岛作战全局，间接支援北方部队的作战，重点支援中途岛作战，同时攻击美国舰队。

5. 北方部队（阿留申部队）

由第五舰队司令细萱戊子郎海军中将指挥，分为北方部队主力、第二机动部队、阿图岛攻占部队、基斯卡岛攻占部队和潜艇部队等 5 个支队，总计有航空母舰 2 艘、重巡洋舰 3 艘、轻巡洋舰 3 艘、辅助巡洋舰 1 艘、驱逐舰 12 艘、潜艇 6 艘及扫雷舰、运输船等若干艘，舰载机 82 架。另外，搭载陆、海军登岛部队 2450 人。其任务是空袭荷兰港美军海空基地，破坏阿达克岛的美军军事设施，攻占基斯卡岛和阿图岛，迎击美军舰队。

6. 岸基航空部队

由第十一航空舰队司令冢原二四三海军中将指挥，辖轻巡洋舰 1 艘、驱逐舰 3 艘、运输舰 19 艘以及各种岸基飞机 214 架。其中，36 架"零"式战斗机由第一、第二机动部队的航空母舰携带，将在占领中途岛后立即以岛上机场为基地实施空中作战。该航空部队的任务是侦察珍珠港方面美军舰队情况，在各部队实施中途岛作战期间尽可能以太平洋各岛屿为基地，进行大范围空中侦察与警戒。

中途岛作战计划方案中，日军总计动用水面舰艇 206 艘、舰载飞机 470 架、岸基飞机 214 架、登陆部队及基地设置部队 1.68 万人。一次出动如此庞大的海上兵力是日本海军 70 年来从未有过的。截至 5 月中旬,中途岛的战备工作几近完成,各舰队开始集结。

5 月 18 日,参加中途岛作战的陆军分队司令率领参谋人员登上"大和号"战列舰,听取联合舰队总司令山本五十六的训令,了解有关作战计划。

至此,中途岛战役的所有参战部队的作战计划均已部署完毕。

第二章　首次航母对决

　　美军俯冲轰炸机后面跟着"约克城号"航空母舰出动的第 1 批鱼雷轰炸机，他们收到报告后猛扑过来。当美国飞行队的最后一架飞机赶来时，"祥凤号"已经变成了一大团向前滚动的火球。93 架美国战斗机和轰炸机 30 分钟轮番进攻，将"祥凤号"打得只剩下 6 架"零"式战斗机。

◎ 新任舰队司令

美国的珍珠港海军基地遭到日军的疯狂轰炸，致使太平洋舰队损失惨重，其主要责任在于最高统帅部的决策失误。为了给美国民众一个交代，太平洋舰队司令金梅尔成了替罪羊。罗斯福解除了金梅尔的职务，并将其海军上将的军衔降为少将，同时任命海军部航海局局长尼米兹为太平洋舰队司令。

尼米兹，全名切斯特·威廉·尼米兹，美国海军将领，五星上将，1885年2月24日生于得克萨斯州弗雷德里克斯堡一个德裔美国人家庭。尼米兹早期主要是研究潜艇，而后成为美军柴油引擎技术专家。太平洋战争爆发后，尼米兹担任了美国太平洋舰队司令、太平洋战区盟军总司令等职务，指挥对日作战。因在对日作战中的贡献而受到美国民众热烈的欢迎，新任海军部长詹姆斯·佛莱斯特将尼米兹塑造成海军的国家英雄，并将1945年10月5日定为"尼米兹日"。战后，尼米兹担任海军作战部长，直至 1947 年退役。美国军事历史学家艾德温·帕尔玛·霍利曾作过这样的评价："哈尔西能在一场海战中取胜，斯普鲁恩斯能在一场战役中取胜，而尼米兹能在一场战争中取胜。"

切斯特·威廉·尼米兹

　　1947 年 12 月 15 日，尼米兹辞去海军作战部部长职务。虽然美国国会授予的五星上将军衔可使他永不退休，但他决定离开海军。1948—1956 年，尼米兹担任加利福尼亚大学的校董。1949 年 3 月 21 日，尼米兹被任命为联合国的克什米尔事务委员会公民投票监察长，协助调停印巴之争，由于印度和巴基斯坦关系恶化，未能进行。

　　1963 年 10 月，尼米兹被确诊为脊髓关节炎，虽然手术成功，却又得了肺炎，12 月出现轻微的中风与心脏衰竭。1966 年 1 月，尼米兹离开了位于奥克兰的美国海军医院（橡树山庄），回到他的海军宿舍。2 月 20日，尼米兹去世，享年 80 岁，美国政府为其举行国葬，并照他生前意愿，葬于加利福尼亚州布鲁诺的金山国家公墓，与斯普鲁恩斯、屠纳及洛克伍德同葬一处。

为了纪念尼米兹，美国政府把 20 世纪 70 年代开发的第一艘核动力航空母舰命名为"尼米兹"级，该级共有 10 艘，是世界上最大、最先进的航空母舰。"尼米兹"级首舰就是"尼米兹号"核动力航空母舰。该级核动力航母中，只有 3 艘不是以美国前总统名字命名的，它们分别是"尼米兹号""卡尔·文森号"和"约翰·斯坦尼斯号"。另外，檀香山及旧金山有以他为名的"尼米兹"高速公路。

12 月 16 日，尼米兹在办公室接到海军部部长诺克斯打来的电话："我是诺克斯，刚从白宫回来。请你放下手边的工作，来我这里一趟。"

诺克斯没有在电话里多说一句话。

见到尼米兹后，诺克斯显得有些激动，单刀直入："最快可以在什么时候出发？"

"去什么地方，待多久？"诺克斯的话，让尼米兹摸不着头脑。

"去夏威夷，我想时间会很长。"诺克斯盯着尼米兹的眼睛。

听了海军部长的话，尼米兹大吃一惊，去年他就听说总统有意让他出任海军总司令一职，可他不愿成为众矢之的，毕竟资历太浅，难免遭人非议。如今情况还是一样，并且是去接替一位老朋友，因此他更加为难，于是小心地问："是最后的决定吗？"

"总统很赏识你，而且现在是战争时期。"诺克斯没有直接回答。

下午，尼米兹、诺克斯和海军总司令金一起被罗斯福召到白宫谈话。谈话结束后，罗斯福紧紧握着尼米兹的手说："坚守岗位，等战争胜利了再回来。"

12月31日上午，停靠在珍珠港潜艇基地码头的一艘潜艇甲板上，正在举行新任太平洋舰队司令的就职仪式。一个记者问尼米兹有何打算，尼米兹做了一个夏威夷式的表情，然后回答："枕戈待旦，把握时机，争取胜利。"

下午，尼米兹召集司令部成员开会。会议气氛沉闷，大家做了最坏的打算，因为与会者多多少少与珍珠港的惨败有关。这些人在想，这次会议可能是新任总司令把他们分配到边远而又艰苦的地方前召开的送行会。

然而，出乎大家的意料，尼米兹对每一个人表示了充分信任，他并不认为大家应对刚刚发生的悲剧负什么责任。他还表示，作为前航海局局长，他知道选调到太平洋舰队工作的人都是有才能的，只是不走运罢了。

"运气不可能总是光顾日本人的。"尼米兹调侃地说。他明白，对某些关键位置上的人员必须留任，其中包括舰队的情报主任埃德温·莱顿少校。事态的发展证明，尼米兹的这个决定使美国及太平洋舰队获益匪浅。作为主管情报工作的负责人，对日军偷袭珍珠港没有预见，也未能向上级提出预先的情报，莱顿为此一直内疚不已，甚至做好了受处分的心理准备。

然而，尼米兹却把莱顿留下了，这表现了对他的信任和尊重。莱顿下定决心，一定要干出成绩来。事实也是如此，莱顿不久就为尼米兹及整个美国挽回了荣誉，他带领情报小组成功地破译了日本的密码，准确地预见了日本联合舰队即将在中途岛发动进攻。为此，莱顿深得尼米兹信任。在第二次世界大战中，尼米兹一直把莱顿留在太平洋舰队司令部工作。

莱顿及其情报小组很快就忙碌起来。情报小组人才济济，包括天才的罗彻斯特少校。莱顿和罗彻斯特是好朋友，1929年两人被海军送到日本学习时就经常在一起，此后一直在情报小组工作。他们每天多次通过保密电话分析情况，交换看法，然后由莱顿向司令部提出报告。莱顿判断敌情准确，善于像日本人那样去思考问题，许多同事开玩笑说他简直就是"联合舰队的首席参谋"。

罗彻斯特有一个精干、效率极高的专家组。他们中间有海军最好的密码专家，有夏威夷大学的数学教授以及各个领域的怪才。经过长时间监听，他们积累了丰富的经验。到1942年，他们甚至仅从发报习惯（速度快慢、指法轻重）就能辨别出是日军哪个发报员在发报。截至1942年3月，罗彻斯特已经通过监听通信呼号掌握了大多数日本军舰的移动位置，误差不超过300海里。

尼米兹最初并不相信罗彻斯特的专家组。如果侦听的情报真的那么有价值，为什么日本人偷袭珍珠港时，他们竟然不知道？经过几次事件后，尼米兹渐渐开始重视侦听、破译工作。

4月上旬，罗彻斯特侦听到一个重要情报：日本联合舰队的航空母舰正在印度洋进攻英国的东方舰队，并取得了胜利。罗彻斯特通过仔细分析，及时向司令长官尼米兹提供了4条重要信息：（1）日军印度洋的作战任务已经结束，舰队正向国内基地集结；（2）日军没有进攻澳大利亚的打算；（3）新几内亚东部将面临日军新的进攻；（4）日本海军将在太平洋地区发动大规模的攻势，将出动联合舰队的大部分兵力。

这些信息除了具体细节尚不明确外，可以说是对日本海军下一步动向做了基本准确的推测。为了慎重起见，尼米兹按照情报提供的信息，把手中仅有的航空母舰部队派往珊瑚海，只等日军到来。果然如情报分析的那样，5

月初日本舰队如期而至，矛头直指莫尔兹比港。早已做好准备的太平洋舰队立即迎战，在珊瑚海一带给日本海军以沉重打击，阻止了其对莫尔兹比港的进攻。珊瑚海的遭遇战证明了情报判断的准确，也使尼米兹对预报中的太平洋将爆发大战的情报深信不疑。珊瑚海大战结束后，尼米兹拍着罗彻斯特的肩膀说："你告诉我日军打算干什么，然后由我来决定我们应该干什么。"

◎ 神秘的 "AF"

珊瑚海大战后，珍珠港战术情报小组昼夜不停地工作，监听日军的密码电报。据获悉的情报，日军下次作战意图虽然不太清楚，但有一点可以肯定，进攻中部太平洋岛屿的可能性非常大。中部太平洋岛屿成千上万，尼米兹认为日军很可能进攻阿留申群岛、夏威夷的珍珠港或者中途岛，不管其最终目标是哪里都不可能绕过美国在中太平洋周边的前哨阵地中途岛。鉴于此，尼米兹特意交代情报小组尽一切可能弄清日军的情况。罗彻斯特率领全体人员，加班加点工作。他们在日本海军军令部发给联合舰队的一系列密电中，经常听到两个最常出现、最引人注意的字母 "AF"。

罗彻斯特吩咐下属："不要间断，继续监听！"

接下去的几天，"AF" 这个代号出现的次数逐渐增多，有时似乎是作为一个目标，有时又表示一个舰队集结的地点。"AF" 简直成了回荡在太平洋上空的幽灵。罗彻斯特和他的情报小组绞尽脑汁，仍然没有解开疑团。

"啊，我想起来了！"一个情报员忽然回忆起几个月前日本水上飞机袭击珍珠港时，也曾使用过"AF"。珍珠港情报小组成员分头细心地从堆积如山的电文中仔细搜寻，当时一架日本水上飞机在中途岛附近的一个小岛从潜艇上得到了燃料补充，在电文中提到加油的地点在"AF"附近。

"'AF'绝对是中途岛！"罗彻斯特一锤定音，并将这一重要情报立即向华盛顿做了汇报。白宫和海军部的战略家们非常重视这一情报。罗斯福猜测日军下一步的总攻目标可能是阿拉斯加或者美国西海岸；海军部长金猜测是夏威夷；陆军方面则担心日军要空袭旧金山。

为了进一步证实"AF"是否指的是中途岛，罗彻斯特到舰队司令部与情报参谋莱顿上校商议，可否指示中途岛基地拍发一份明码电报，内中用浅显的英文报告中途岛淡水蒸馏设备发生故障，饮水告急，以此来试探东京方面的反应。

尼米兹很快批准了罗彻斯特的请求。中途岛方面的美军接到命令后，照此发报。次日，罗彻斯特的情报小组昼夜监听东京当局的电讯，果然收听到接连不断的密码电报，其中多次地出现"AF"："AF"缺乏淡水，"AF"缺乏淡水……补给舰队务必向"AF"登陆部队提供淡水。

尼米兹当即将这一情况向白宫做了汇报。罗斯福当天通知以马歇尔为首的参谋长联席会议积极备战。对于珍珠港情报小组的分析，美国国内许多人不相信。他们认为，日军集结这样庞大的兵力针对的目标绝对不会是一个小小的中途岛，其真正目标不是夏威夷就是西海岸。

《檀香山广告报》发表文章称："内行的观察家们今天在这里预测，日本人将对阿拉斯加和夏威夷发动冬季攻势。阿拉斯加是太平洋的基石，是日本人进攻的首要目标。由于冬季的不利因素，进攻曾一度被搁置。可是现在，某些方面正在准备应付这一进攻。夏威夷总督迪洛斯·埃蒙斯中将已经向公众发出警告：夏威夷将遭到攻击……"

陆军部长史汀生忧郁地在日记中写道："近几天不断传来令人惊恐的消息，说日本人已在集中兵力准备向我们发动进攻，以报东京被炸之仇。消息有根有据，我们正在不安地揣摩他们的进攻地点。究竟是阿拉斯加，还是西海岸，或者是巴拿马。乔治·马歇尔十分紧张，今天下午对我说打算到西海岸去看看。"

正如史汀生在日记中所说，陆军参谋长马歇尔疑虑重重，他的担心也是尼米兹所担心的："日本人这样漫不经心地暴露自己的意图，似乎有点不正常。要是我们上了当，把有限的舰队集中在中途岛，而日本人虚晃一枪，乘机进攻其他地方，那我们可就惨了。"

马歇尔说："谁能断定这不是日本人释放的'烟雾'？ 如果日本人突然意识到我们破译了他们的密码，他们必定将计就计，把我们引入歧途。"

尼米兹虽然与马歇尔都有此担心，但他经过仔细斟酌，认为罗彻斯特的情报还是可信的。为对付美国的抵抗，日本可能出动了大量兵力。他们的主要目的可能是想把处于劣势的美国太平洋舰队引出来，加以歼灭。日军用电报把作战计划发给部队，说明山本五十六的作战行动日程非常紧迫，除了电报能及时传达外再没有其他办法了。鉴于此，尼米兹决心以罗彻斯特的情报为依据拟订作战方案。

5月2日，美国太平洋舰队司令尼米兹亲临中途岛视察。他检查了岛上的所有布防，通知岛上驻军做好一切准备。随后，尼米兹又向中途岛调集了大量飞机。仅仅几天时间，就有 23 架"卡特林娜"水上巡逻机、27 架"野猫"和"水牛"式战斗机、16 架"无畏"式俯冲轰炸机、17 架"复仇者"鱼雷轰炸机、4 架 B-26"掠夺者"中型轰炸机和 17 架 B-17"空中堡垒"式重型轰炸机进驻岛上，还有大批枪支弹药。驻守中途岛的兵力增加了 3 倍多，凡是能驻扎部队的地方都塞满了人。为鼓励驻岛官兵的士气，尼米兹分别提升中途岛基地指挥官西里尔·赛马德为海军上校、地面部队司令哈罗德·香农为陆军上校。到 6 月初，中途岛俨然变成了一座军事要塞。

尼米兹用了整整一个月时间专门加强岛上的防御力量，一批批海军陆战队进驻中途岛。弹药和物资分散储藏在各处防空洞内。岛上到处都是大炮，到处都有带刺的铁丝网，海滩和周围水域密布着地雷和水雷。岛上军官食堂已有 175 名军官用餐，只好日夜供应。小小的中途岛承载了 3000 多名官兵和 115 架各类飞机。中途岛一时之间成为人员充足、装备良好、高度警惕的前哨岛屿。鱼雷快艇一刻不停地进行巡逻。潜艇在岛西北到北方 100 至 200 海里处警戒着进岛的各条通道。

岛上的指挥官向尼米兹保证不会丢掉中途岛，但是尼米兹知道无论中途岛本身的堡垒如何坚固都无法抵御日本联合舰队数百架舰载飞机和数百门舰载火炮的打击，守住中途岛的唯一希望在海上，只有特混舰队重创了日本舰队才能保证中途岛不失。不过岛上的岸基航空兵在抵挡日军方面将会发挥一定作用。这样一来，中途岛就成了尼米兹手中的一艘巨型航空母舰。

◎ 日本第一艘航母沉没

5月4日拂晓，美军第十七特混舰队的"约克城号"航空母舰到达瓜达卡纳尔岛西南约160公里的珊瑚海海面。阴霾的天气给珊瑚海挂上了厚厚的屏幕，这使得"约克城号"航母很容易就躲开了日本的水上侦察机。航空母舰战斗机驾驶员看了旧的《全国地理》杂志的介绍，向图拉吉附近海面上的日军部队发动了一系列袭击，摧毁了水上飞机，发回了有多少日舰被击沉的夸大报告。第十七特混舰队司令弗莱彻兴高采烈地向珍珠港的太平洋舰队司令部报告了这一"大捷"，后来的战况证明弗莱彻高兴得未免早了些。后来，太平洋舰队司令尼米兹对所谓的图拉吉战斗的评价是："从消耗的弹药和取得的战果来看，这场战斗是令人失望的。"

其实，对于穿过瓜达卡纳尔上空云层的美国俯冲轰炸机和"野猫"式战斗机来说，这里的条件是非常理想的。然而，飞行员未能协同攻击，当他们从1.7万英尺的冷高空俯冲到潮湿的低空时，挡风玻璃上的雾气阻碍了他们的视线。实际战果是,日本只有1艘驱逐舰、1艘布雷艇和1条运兵船被击沉。不过,美军这次突然袭击迫使日本登陆部队撤走。当井上海军中将发现高木的航空母舰离得太远不能提供支援时,只把一支小小的守岛部队留在岛上。当地部队指挥官的紧急呼救迫使后藤的重型巡洋舰和"祥凤号"轻型航空母舰急速向西行驶。他在当天下午赶到瓜达卡纳尔岛附近海面,却发现美国人已经消失在东南方向的迷雾里。美军的这次袭击暴露了自己的实力。

5月6日,美军第十七特混舰队在浓云的掩护下,同格雷斯海军上将的重型巡洋舰和"列克星敦号"航空母舰会合。珍珠港的最新情报表明,用两艘航空母舰提供空中掩护的入侵莫尔斯比港的部队将于第2天穿过卢伊西亚德群岛。于是,弗莱彻指挥第十七特混舰队向西直扑珊瑚海。此时的弗莱彻并不知道他在那天下午已被一架到处搜索的日本水上飞机发现了。日方得知2艘美军航空母舰正前往截击入侵莫尔斯比港的日本船队的消息后,在拉包尔的井上海军中将的司令部里几乎引起了恐慌。司令部紧急命令运输船停止前进。高木少将率领的以"翔鹤号"和"瑞鹤号"航空母舰为主力的机动部队收到警报时正在瓜达卡纳尔以南加油,等他准备好将距离缩小到可以发动空袭的时候,舰队遇上了厚厚的云雾。他决定继续加油,待黎明雾散后再去追击。

如果弗莱彻在5月6日晚上知道他和日本舰队之间相隔还不到87海里,那么他在黎明时将舰队兵分两路时肯定会犹豫不决。根据作战计划,他派遣格雷斯往西守卫卢伊西亚德群岛的南面出口,他的主力舰队则向北行驶,封锁乔马德航道。

5月7日4时,日军机动编队基本得知美军舰队的方位,于是派出12架舰载机，分为 6 组，在 180 度至 270 度方位之间、250 海里距离内展开搜索。5 时 45 分，向南搜索的日机报告："发现敌航空母舰、巡洋舰各 1 艘。"日军估计这是美国的特遣舰队，于是 6 时至 6 时 15 分先后从"瑞鹤号"航空母舰上起飞"零"式战斗机 9 架、轰炸机 17 架、鱼雷轰炸机 11 架，从"翔鹤号"航空母舰起飞"零"式战斗机 9 架、轰炸机 19 架、鱼雷轰炸机 13 架，共 78 架飞机，向发现的目标猛扑。然而，日机飞抵目标上空才发现不是美军的航母编队，而是 6 日下午与弗莱彻舰队分手的"尼奥肖号"油船和"西姆斯号"驱逐舰。"尼奥肖号"油船和护卫它的"西姆斯号"驱逐舰奉弗莱彻的命令等候在舰队的后面，现在只有一小时的喘息时间。

为了寻找特遣舰队的主力，发动袭击的日机飞走了。它们经过反复搜索仍未找到其他目标，于是正午时飞回来想解决"尼奥肖号"和"西姆斯号"两艘美国舰船。"西姆斯号"驱逐舰的炮手好不容易将日军第 1 批攻击机挡开了几分钟，接着 3 队俯冲轰炸机同时呼啸着俯冲下来，将它炸成两截，这艘驱逐舰不到一分钟就沉没了。"尼奥肖号"油船中了 7 颗炸弹，还有许多炸弹扔在它的周围，溅起一道道巨大的水柱。油船着火了，日本飞行员相信它很快就要沉没。然而，"尼奥肖号"上的消防队员扑灭了火焰，油船艰难地漂浮了 4 天后才沉没，最后被一艘营救的驱逐舰发现。"尼奥肖号"上的幸存者靠救生圈苦熬了 10 天，只有 68 人生存下来。

这个时候的美军第十七特混舰队主力与油船分手后正在向西行驶，以拦截日军的登陆舰队，美国人犯了日本人类似的错误。黎明后 2 个小时，"列克星敦号"航空母舰上的一架巡逻机发回报告："发现了两艘航母和 4 艘重巡洋舰。"弗莱彻以为这是日军的航母编队，于是决定全力攻击。由"列克星敦号"派出俯冲轰炸机 28 架、鱼雷轰炸机 12 架、战斗机 10 架，由"约克城号"派出俯冲轰炸机 25 架、鱼雷轰炸机 10 架、战斗机 8 架，共 93 架舰载机直扑目标。直到这些飞机飞向目标很久后，之前那架巡逻机方才返回"列克星敦号"，报告仅发现 2 艘轻型巡洋舰和 2 艘炮艇。原来是密码错误，日军的舰艇被夸大成一支突击编队。

日军"祥凤号"航空母舰在美军"列克星敦号"航空母舰出动的俯冲轰炸机飞来的关键几分钟里，沿着一条直线行驶，将自己的行踪暴露无遗。美军俯冲轰炸机后面跟着"约克城号"航空母舰出动的第 1 批鱼雷轰炸机，他们收到报告后猛扑过来。当美国飞行队的最后一架飞机赶来时，"祥凤号"已经变成了一大团向前滚动的火球。93 架美国战斗机和轰炸机 30 分钟轮番进攻，将"祥凤号"打得只剩下 6 架"零"式战斗机。

为了挽救"祥凤号"，日军疯狂反击，但是美军"约克城号"航空母舰出动的第 2 批鱼雷轰炸机给了它致命的一击。美军轰炸机摧毁了"祥凤号"剩下的可用高射炮，"祥凤号"甲板下面的过道里横七竖八地躺满了伤兵。"祥凤号"终于停止不动了，它的抽水机停止转动，可怕的烈火在船身上蔓延，"祥凤号"身中 13 颗炸弹和 7 枚鱼雷。舰长井泽下令弃舰，能跳的人都跳进了海里。几分钟后，"祥凤号"沉没了，海面上只留下一团黑烟和一片油污，在珊瑚海慢慢扩散开来。

这是日本海军二战以来被击沉的第 1 艘航空母舰。"约克城号"航空母舰的扬声器里很快传出："击沉 1 艘航空母舰，狄克逊向航空母舰报告，敲掉了 1 艘日本航空母舰。"两艘美国航空母舰的无线电广播室里顿时爆发出热烈的欢呼声。

当天午后不久，除了 3 架美国飞机外，其他飞机在"列克星敦号"和"约克城号"上平稳降落，美国海军赢得了第一轮珊瑚海战斗的胜利。第十七特混舰队司令弗莱彻想寻找另外两艘日本航空母舰，他要在日本舰队向自己猛扑过来之前先发制人。就在弗莱彻的飞机降落的时候，旗舰收到报告："格雷斯的特遣舰队在迪博伊恩岛南面 51.8 海里的海面上遭到日本岸基轰炸机的猛烈袭击。"

5 月 7 日的战斗中，日美双方都犯了不小的错误，然而受到惩罚的却是日本人。日本海军飞行队至少知道他们的主要目标的位置，却白白浪费了一个下午搜索 250 平方公里的海面，最终仍没有发现躲在云雾里的美国航空母舰。

◎ 发现彼此，死磕没商量

黄昏时分，日军飞机在返航时发现了美国舰队，这些抛掉了炸弹的战机很快便遭到"野猫"式战斗机的拦截。暮色中，几个迷失方向的日本飞行员错误地打算在"约克城号"上降落。由于识别信号不对，他们被高炮手发现并将其中的一架击落，另外几架慌忙逃入漆黑的夜空。

美日双方指挥官不约而同地决定不进行夜战，以免损失重型巡洋舰。弗莱彻二比一的火力优势，被其缺乏夜战训练所抵消。双方都预料到，这场海战的航空母舰间的决战必会在次日展开。8日黎明时分，蔚蓝的海洋平静无波，珍珠港太平洋总部作战室的气氛凝重。双方舰队的炮手在扫视着越来越亮的天空，航空母舰甲板上的人员在为飞机起飞做准备。

北太平洋珊瑚海 200 海里内的美国和日本航母上做着同样的准备工作，唯一不同的是为美国飞行员发的是巧克力，而日本飞行员发的是米糕。美军"列克星敦号"航空母舰迎着西风出动了 18 架侦察机，搜索第十七特混舰队的北面和西面之间 87 海里的扇形海面的时候，离 5 时 30 分的日出还有半个多小时。

与此同时，日军 2 艘航空母舰向南驶入雾中，在黎明时出动了一批侦察机。应该在哪里搜索，日本航空兵司令官比他的敌人清楚得多。他依靠厚重的云层的掩护，在发现美军之前的一个小时里，冒险出动鱼雷轰炸机、俯冲轰炸机和护卫战斗机总共 69 架。

日美双方搜索飞机几乎同时发现了彼此的目标。

8 时 15 分，美军飞行在最北边的侦察机发回报告："敌人的航空母舰特遣舰队在'列克星敦号'东北约 150 海里的洋面上以 25 节（1 节 =1 海里 / 小时）的速度向南行驶。"几分钟后，美国航空母舰的无线电台收到了日本人兴高采烈的报告，这显然表明他们自己也被发现了。随后，"约克城号"和"列克星敦号"两艘航母共起飞 15 架战斗机、46 架轰炸机和 21 架鱼雷轰炸机，共 82 架飞机直扑日本舰队。

10 时，美军突击编队发现日军"翔鹤号"和"瑞鹤号"航空母舰正向东南方向行驶，两艘航母之间相距 7 海里，各由两艘重型巡洋舰和驱逐舰护航。美军正在利用宝贵的时间紧张地组织进攻的时候，日军"翔鹤号"趁机出动了更多的战斗机，"瑞鹤号"则躲进下着暴雨的附近海域。

弗莱彻立即命令突击编队起飞，由"列克星敦号"和"约克城号"两艘航空母舰上同时起飞的庞大机群直扑日本舰队。几乎在同一时刻，日军也发现了美国舰队，69 架飞机从"翔鹤号"和"瑞鹤号"两艘航空母舰上同时起飞，直接飞向弗莱彻的第十七特混舰队。

乔·泰勒海军少校在一队"野猫"式战斗机的掩护下，率领鱼雷轰炸机中队展开攻击。他们冒着密集的高射炮火，低空掠过"翔鹤号"的左舷舰艏，突破了 18 架"零"式战斗机的严密防御。美国飞行员缺乏协调鱼雷轰炸机和俯冲轰炸机的实战经验，没能发挥出数量上的优势，这个优势曾使他们在前一天对付轻型航空母舰"祥凤号"时轻易取得了胜利。鱼雷射进海里，偏离目标很远，只有两颗炸弹击中目标，"翔鹤号"飞行甲板上因燃油泄漏而起火。

10 分钟后，"列克星敦号"上的飞机赶来，但厚厚的云层遮挡了视线，很难发现下面的日舰，使得进攻受到挫折。只有 15 架轰炸机好不容易发现了一个目标，但它们只有 6 架"野猫"式战斗机护航，很容易被日军的"零"式战斗机冲散，"零"式战斗机击落了 3 架美国飞机。美国人的鱼雷进攻再次失败，只投中 1 枚炸弹。

美军"列克星敦号"以为他们攻击的是"瑞鹤号"，报告说这艘航空母舰正在迅速下沉。美军发动的这次进攻损失了 43 架飞机，虽然"翔鹤号"着火逃走，在火被扑灭前的一小时丧失了出动飞机掩护的能力，但吃水线以下部分并未受损；舰上 100 多人死亡，但它减速向北撤退时，仍然可以战斗。美军飞机返航时，惊奇地发现日军能够发动更有效的进攻。由于有雷达，"列克星敦号"的战斗机指挥官在日机正处于东北方向 100 多公里的空中时就知道了它们的到来，于是下令战机起飞截击。

美军只有 17 架"野猫"式战斗机起飞，其中大多数在"战斗突然爆发"的时候，还没有飞到第十七特混舰队的足够高的上空。一半的战斗巡逻机由于剩下的油太少而不能起飞截击，已经起飞的"野猫"式战斗机，4 架没有找到攻击目标，2 架被"零"式战斗机制伏，还有 3 架因没有达到足够的高度，不能阻截日军俯冲轰炸机的进攻。

美军"列克星敦号"航空母舰上的战斗机指挥官收到了巡逻机发来的"敌人逼近"的无线电警报。日本飞行员正朝着美国的航空母舰飞来,他们在没有阳光的优势下发起了进攻。日军飞机朝着美军"列克星敦号"的左舷和右舷投掷鱼雷。"列克星敦号"舰长弗雷德里克·谢尔曼下令舵手转满舵,但是这艘庞大的4万多吨的航空母舰反应太慢。日军投下的11颗鱼雷,有2颗在它的左侧爆炸。甲板下面,大火的烟从通风管和被打坏的锅炉房里冒出来,很多人严重烧伤。

与此同时,在"列克星敦号"后面不远处的"约克城号"受到了日机同样的攻击。"约克城号"仅有的战斗机企图靠近飞行,以便避开日机攻击。日军的一批鱼雷轰炸机只是从左舷舰艉发动攻击,因此这艘较小的航空母舰可以轻易掉转,避开日机。"约克城号"的转舵比较敏捷,这使它可以相对容易地躲避俯冲轰炸机。"约克城号"只是上面部分挨了一颗360千克重的炸弹,这颗炸弹穿过厚厚的飞行甲板、舰艇厨房和机库甲板,最后掉在50英尺下的第4层装甲板上爆炸。除了66人伤亡外,损害最严重的是舰上的冷饮柜、洗衣房和水兵宿舍。周围一片漆黑,甲板下面一片混乱,轮机员以为他们遭到严重的打击,暂时关闭了两个锅炉房。由于"约克城号"灵活地进行规避,日军飞机的攻击未见太大成效。

◎ 情报的力量

11 时 30 分，日军飞机从四面八方向美军舰队猛冲过来。此时的"列克星敦号"的战斗机油快耗完了，企图平降在这艘被打坏了甲板的航空母舰上，结果有几架直接冲进了海里。这场遭遇战仅 13 分钟，日机兴高采烈地报告："替'祥凤号'报了仇，并顺利击沉了 1 艘大型航空母舰和 1 艘中型航空母舰。"

日本方面坚信美军的"列克星敦号"航空母舰已在 1 月被潜艇鱼雷击沉，此时他们声称击沉的是"萨拉托加号"，一同击沉的则是"企业号"和"约克城号"中的一个。虽然他们不能立即断定具体是哪一艘，但是肯定击沉了 2 艘美国航空母舰。双方航母舰队之间的这场首次冲突宣告结束。

战斗的硝烟逐渐消散，弗莱彻认为自己是无可置疑的胜利者。"列克星敦号"尽管由于被鱼雷和炸弹击中，发生 7 度横倾，但该舰调整燃油后恢复了平衡，继续接纳返航的飞机着舰。

"列克星敦号"和"约克城号"加快速度，准备再次袭击日军。然而，"列克星敦号"最终还是没有逃过沉没的劫难。由于燃油泄漏,"列克星敦号"舰内突然发生爆炸,引起大火。火势迅速蔓延,"列克星敦号"突然一扭,腹内发生了剧烈的爆炸。舰长谢尔曼听见爆炸声突起,以为中了潜艇发射的鱼雷。舰底下的水密舱里弥漫着令人窒息的烟尘,舰壳蹿出一连串的火舌。电机室的一台发电机冒出的火花点燃了被鱼雷打坏的舰底油箱渗出来的油雾,引起了这场好像是鱼雷所为的致命爆炸,救火队急忙赶来救火。"列克星敦号"冒着沉没的危险继续以 25 节的速度航行了一小时,以便让它的一批战斗机在甲板上着陆。

随后,"列克星敦号"内部又发生了一系列致命的爆炸。主桅上挂起了三角旗,这是救援的信号,航速越来越慢,倾斜的飞行甲板上充满了浓黑的油烟,安全阀冒着滚滚白色蒸汽。舰上的救生圈被取了下来,过道里灯光昏暗并且灌满了烟,伤员们从过道被抬到甲板上。这时,"莫里斯号"和"哈曼号"驱逐舰顶风而来,向庞大的"列克星敦号"靠拢,开始营救幸存者。

15 时,"列克星敦号"舰长谢尔曼下令全体舰员离舰。2 个小时后,"费尔普斯号"驱逐舰奉命对其发射 5 枚鱼雷,"列克星敦号"于 17 时 56 分沉入海底。降落到该舰的 36 架飞机成了陪葬品。"约克城号"上虽然有轰炸机和鱼雷轰炸机 27 架、战斗机 12 架,但是弗莱彻无意再战,率第十七特混舰队撤离战场。次日,日军"瑞鹤号"飞行员为追击美舰再次进行侦察巡逻时,发现海面上只有"列克星敦号"的残骸。

"祝贺你们在最后两天取得的光荣战绩。"尽管美军太平洋舰队司令尼米兹向第十七特混舰队司令弗莱彻发出了这样的电文,但珍珠港的司令部笼罩着阴郁的气氛,因为"列克星敦号"沉没了,而日本海军受到了多大的打击还很不好判断。

"列克星敦号"的沉没让弗莱彻打消了原来派遣巡洋舰队进行夜战的想法。在接到尼米兹关于不要拿剩下的航空母舰进行不适当的冒险的命令后，第十七特混舰队向东南方向驶往努美阿。与此同时，高木率领特遣舰队向着罗门群岛北部航行了一夜，那儿有一艘油船等着执行紧急加油的任务。虽然受伤的"翔鹤号"正以较慢的速度驶往特鲁克，但它仍然能够实施一次全面空袭，因为有用的飞机已经转移到未受伤的"瑞鹤号"上。然而，高木不想再追了，他认为没有理由怀疑飞行员所说的"美国航空母舰确已葬身珊瑚海海底"。井上海军中将已经决定召回入侵莫尔斯比港的部队，再次推迟入侵巴布亚半岛，直至更多的航空母舰和岸基飞机能够赢得有争议的珊瑚海的制空权。当山本五十六午夜收到召回入侵部队的电报时，气愤地发电报命令后藤海军少将和高木海军中将改变航向消灭敌人。

5月9日黎明，日军"瑞鹤号"航空母舰的飞行员开始进行另一次侦察巡逻。在后来的两天中，他们在波光粼粼而又寂静的珊瑚海上航行，海上竟有第一次海战留下的尸体。在这场海战中，日美双方的飞机攻击对方的舰艇，然而双方的指挥官一次都没有看见对方的舰只。此次海战，日本海军损失了77架飞机和"祥凤号"轻型航空母舰，阵亡1000多人；美国海军损失了66架飞机、1艘油船、1艘驱逐舰和"列克星敦号"重型航空母舰，"约克城号"被击伤，阵亡543人。

5月中旬，珊瑚海上的航空母舰大战刚刚结束，参战的第十七特混舰队司令弗莱彻便接到尼米兹的命令："一切就绪后，以最高巡航速度返回珍珠港。"与此同时，正在南太平洋游弋的哈尔西也接到了命令，命他率第十六特混舰队速返珍珠港。尼米兹没有告诉他们具体情况，但二人都预感到将有重大事件发生。接到命令后，弗莱彻和哈尔西率领各自的舰队星夜赶往珍珠港。

在等待弗莱彻和哈尔西返港的同时，尼米兹计算了一下与山本五十六的实力对比。山本有 10 艘航空母舰，虽说其中 2 艘在珊瑚海受了伤，但它们正在返回日本本土，经过修理，预计能投入战斗。美国太平洋舰队仅有哈尔西的"企业号"和"大黄蜂号" 2 艘航空母舰完好无损。弗莱彻仅剩的"约克城号"航空母舰受了重伤，正在基地进行紧张抢修。至于其他主要作战舰只，山本拥有包括世界最大、最新的"大和号"在内的 11 艘快速战列舰；尼米兹只有 6 艘速度缓慢、难以追随航空母舰作战的战列舰。另外，山本还有 23 艘巡洋舰，尼米兹只有 8 艘。好在莱顿和罗彻斯特的情报表明，山本将把 2 艘航空母舰、6 艘巡洋舰和 13 艘驱逐舰为主的部分力量用于北方的阿留申群岛。侦听表明，日本人并未加紧修理从珊瑚海返回的 2 艘受伤的航空母舰。山本可能认为，缺了它们并不妨碍对美国太平洋舰队的压倒性优势。这样一来，尼米兹终于感到了一丝安慰。尼米兹唯一的优势是准确的情报，他现在完全离不开莱顿和罗彻斯特了。在他看来，这两个家伙可抵 2 艘航空母舰，甚至是 2 支特混舰队。

5 月 25 日，尼米兹在司令部召开作战会议，对日军进攻中途岛的有关情况进行商讨。参加会议的除了司令部的参谋人员外，还特别邀请了太平洋舰队秘密情报组织负责人罗彻斯特。

尼米兹和他的参谋班子按时前往司令部的会议室，罗彻斯特却迟到了半小时。来到会议室后，他皱着眉头，两眼通红，有些心神不定。罗彻斯特首先向大家表示歉意，接着解释说，他和他的助手为了破译有关日期和时间的密码熬了一个通宵。

"能谈谈你们熬夜的收获吗？"尼米兹有些不高兴地讽刺道。

罗彻斯特顾不上周围人们嘲讽的目光，急匆匆汇报了情报小组的最新发现："根据我们掌握的信息，日本联合舰队将在东京时间 6 月 4 日进攻阿留申群岛，6 月 5 日进攻中途岛。"

随后，他又介绍了联合舰队的兵力部署情况：除了阿留申方向，直接用于中途岛作战的日军兵力为 2—4 艘战列舰、4—5 艘航空母舰、8—9 艘重型巡洋舰、4—5 艘轻巡洋舰、16—24 艘驱逐舰、至少 25 艘潜艇。另外，山本五十六还将率领直辖部队参战。

罗彻斯特最后说："大战开始前，我们的情报组不再可能通过破译获得更多情报了，因为日军按照通常的做法已经更换了战时使用的密码，或者至少已下达了一套新的附加数码组。日军使用新密码后，破译人员需要几个星期，在日军重复使用新密码后才能将其识破。"

会议在压抑的气氛中结束。当舰队情报小组组长莱顿刚要走出会议室时，尼米兹叫住了他："从现在起，我随时要听取你们的意见。我还有一个要求，就是你们要综合各种情况和所有数据，尽可能预测出日军发起进攻的准确时间。"

莱顿不敢怠慢，一连几天待在情报室里，把几周来的情报资料翻了个遍。他伏在图表上研究中途岛附近的气象、风力和洋流。

尼米兹度日如年，他实在等不及了，于是便把莱顿叫来，要他提供日本舰队的最新情报。

莱顿说："现在很难讲具体。"

"我要你讲具体，"尼米兹以命令的口吻说，"无论如何，这是我交给你的任务。你现在不是莱顿少校而是山本五十六海军大将，请告诉我你的作战计划。"

　　莱顿双眉紧锁，仿佛在竭力进入山本的角色。沉默片刻后，他终于开了口："先前我已经报告过，联合舰队将于6月5日进攻中途岛。现在我说一下6月5日这一天的情况。东京时间凌晨3时，或者说当地时间早晨6时，中途岛的搜索飞机将在该岛西北325度方位、距离175海里的地点发现日军。"

　　莱顿的话犹如上帝发出的预言。后来战况发展跟莱顿所说相差无几：南云忠一的日本联合舰队第一机动部队的攻击机群于2时55分（当地时间5时55分）在中途岛西北320度方位、距离180海里处与美军搜索飞机遭遇。莱顿的推断与实际情况仅相差5分钟、5度和5海里，这在浩瀚的太平洋上简直算不上误差。尼米兹在没有其他情报来源的情况下，决心以莱顿的情报为依据，拟订中途岛战役作战方案。

第三章　为中途岛，不惜以身涉险

　　想到这些不愉快的经历，山本五十六不由
得打了个冷战。他匆忙走回卧室，拿起笔，写
下了战前的最后一封家书："正如你为我而竭尽
身心一样，我也在为祖国而身遭厄运，来往于
战火硝烟之中。为了国家和民族，我甘愿千辛
万苦，视死如归……"

◎ 起航，为着辉煌前进

　　5月27日拂晓，美国太平洋舰队第十六特混舰队司令哈尔西率领舰队出现在西南方的地平线上。该舰队的21艘军舰，包括"企业号"和"大黄蜂号"航空母舰，很快就塞满了珍珠港。

　　27日8时，日本"赤城号"航空母舰的信号桅杆上扬起了一面信号旗，向全舰官兵发出盼望已久的命令：按时起航！

日本"赤城号"航空母舰

偷袭珍珠港的大功臣、飞行战队指挥官渊田美津雄观望着第十驱逐舰舰队的舰只,驱逐舰舰队首先起航。第十驱逐舰战队后,依次跟着第八巡洋舰战队、第三战列舰队第二小队、第一航空母舰战队和第二航空母舰战队。第一机动部队以严整的阵容开向历史上最重大的海战战场。当第一机动部队驶出锚地时,晚2天出发的其余部队官兵激动地向第一机动部队送别。水兵们顺着舰上的栏杆列队欢呼,挥动帽子,一片欢欣,每个人深信他们是去参加另一次辉煌的胜利。

　　2个小时后,日军第一机动部队通过伊予滩的一半,不久就要驶入丰后水道。预计过了丰后水道,有可能遇上美国的潜艇。日军大本营每天都发来关于美军潜艇活动的综合报告。最新的情况表明,有十几艘潜艇在日本本土附近活动,搜集日军舰队动向的情报,并伺机破坏日本海上交通线,偶尔向珍珠港发报。这时,日本海军各地无线电测向站在竭尽全力测出它们的方位。第一机动部队的旗舰、新型航空母舰"赤城号"以16节航速,轻快地朝丰后水道和广阔的太平洋驶去。阳光穿过云隙照射到蔚蓝色的海面上。近几天,濑户内海西部总是阴天,闷热异常。如今,阵阵和风掠过,"赤城号"飞行甲板让人心旷神怡。全舰队21艘军舰排成一列长蛇,各舰之间相隔914米,就像和平时期的海军大检阅。不久,有十几艘等待潮汛的渔船出现在右舷。渔民们热情地挥手欢呼。左舷是由利岛,在朦胧的背景下,被衬托得极为醒目。远方是薄雾中的四国海岸。

　　中午时分,日军第一机动部队通过丰后海峡的东端水道,进入深蓝色的太平洋。4艘航空母舰分为两个纵列行进,"赤城号"和"加贺号"在右,"飞龙号"和"苍龙号"在左。围绕它们是由屏护舰组成的双重圆圈。其内圈由

2 艘重巡洋舰和 2 艘战列舰编成，巡洋舰"利根号"和"筑摩号"在航空母舰的斜前方，战列舰"榛名号"和"雾岛号"则在斜后方。轻巡洋舰"长良号"和 12 艘驱逐舰组成外圆圈，以"长良号"为前导舰。

27 日下午，美国第十六特混舰队司令哈尔西来到太平洋舰队司令部。此时，太平洋舰队司令尼米兹已经内定哈尔西出任突击部队的最高指挥官。哈尔西是美国最有名的航空母舰指挥官。他 1940 年开始担任海军主力舰队航空兵司令，授中将军衔。由于他对马绍尔群岛敌占区的进攻非常成功，成了太平洋战争以来美国人引为骄傲的第一位海军英雄。他亲自指挥了杜立德小组对日本本土的空袭，在美国成为家喻户晓的英雄人物。

然而，当尼米兹见到哈尔西的时候，却大吃了一惊。只见哈尔西面容憔悴，体重减轻了 9 千克。他 6 个月来除了在港口短暂停留外，一直待在船上。皮炎折磨得他夜不能寐，昼难安宁。尼米兹希望他能指挥即将到来的中途岛大战，但医生坚持要他住院治疗。危急时刻失去一位优秀的航空母舰指挥官，不能不说是一个重大损失。住院前，尼米兹要哈尔西推荐一位合适的人选。哈尔西毫不犹豫地推荐了斯普鲁恩斯海军少将。

斯普鲁恩斯，全名雷蒙德·阿姆斯·斯普鲁恩斯，1886 年 7 月 3 日生于美国马里兰州巴尔的摩市，祖籍德国。1903 年 7 月，斯普鲁恩斯从印第安纳州考入海军学院，在校期间刻苦学习，成绩优秀却默默无闻，1906 年 9 月提前毕业后赴战列舰上服役，1908 年 9 月晋升为海军少尉。1913 年，斯普鲁恩斯升任美国海军亚洲舰队所属的驱逐舰上尉舰长，一年后转往岸上任职。1916 年，晋升海军少校，1918 年晋升海军中校。

1919 年，斯普鲁恩斯出任哈尔西驱逐舰分遣舰队的"爱伦华德号"驱逐舰舰长，颇受哈尔西赏识。1921 年，先后出任美国海军工程局调拨处处长和电力处处长。1924 年，调任"戴尔号"驱逐舰舰长，稍后出任美国驻欧洲海军司令安德鲁斯的助理参谋长，不久又改任"奥斯本号"驱逐舰舰长。

雷蒙德·阿姆斯·斯普鲁恩斯

1926 年夏，斯普鲁恩斯进入美国海军军事学院深造，毕业后赴"密西西比号"战列舰任副舰长。1931 年 6 月，调海军军事学院负责函授课程，次年晋升为海军上校。1933 年 5 月，出任驱逐舰护航舰队司令沃森的参谋长。1935 年 4 月，调任海军军事学院战术系主任，学员中许多人在第二次世界大战中任要职。1938 年，出任"密西西比号"战列舰舰长。1940 年 2 月，升任第十海军军区司令，同年 10 月晋升为海军少将。1941 年 6 月，斯普鲁恩斯兼任加勒比海战区司令。

1941 年 9 月，斯普鲁恩斯出任太平洋舰队第五巡洋舰分遣舰队司令，旗舰为"北安普敦号"，在哈尔西麾下服役。1941 年 12 月 2 日，斯普鲁恩斯率部离开珍珠港，在哈尔西指挥下执行向威克岛运送战斗机的任务，因而免遭珍珠港劫难。1942 年 5 月，受哈尔西推荐参加中途岛战役，并在该战役中立下汗马功劳。中途岛战役后，斯普鲁恩斯于 1942 年 6 月调任太平洋舰队参谋长。他在参谋长任内晋升为海军中将，与太平洋舰队司令尼米兹同吃同住，共同探讨战争以及太平洋战区的各期作战行动，关系非常融洽。1943 年 8 月，斯普鲁恩斯出任中太平洋舰队司令，以"印第安纳波利斯号"巡洋舰为旗舰，组织指挥吉尔伯特群岛战役。1944 年 1 月 29 日，指挥登陆部队和 5 支特混舰队以两天的炮火准备发动了马绍尔群岛战役。2 月 1 日，协同行动准确而及时的美军在夸贾林岛登陆，激战 7 天后全歼守敌。夸贾林岛战役后，斯普鲁恩斯晋升为海军上将，所辖中太平洋舰队改称第五舰队。4 月 24 日，马绍尔群岛全部被攻克。其间，斯普鲁恩斯的航空母舰舰载机还对特鲁克群岛实施了毁灭性的打击。

　　1945 年 9 月，斯普鲁恩斯奉命指挥美国驻日海军。11 月，升任太平洋舰队司令兼太平洋战区最高司令。1946 年 3 月，出任美国海军军事学院院长。1948 年 7 月退役，1952—1955 年，出任美国驻菲律宾大使，1969 年 12 月 13 日去世。斯普鲁恩斯被称为"沉默的提督"，被尼米兹称为"上将中的上将"。美国的"斯普鲁恩斯"级驱逐舰就是为纪念他而命名的。

　　斯普鲁恩斯和哈尔西不仅仅是上下级关系，还是很好的朋友，但是两人性格截然相反。哈尔西大大咧咧，先干后想，而斯普鲁恩斯冷静而镇定，凡事三思而后行；哈尔西善于唤起部下的想象力和激情，而斯普鲁恩斯则能触及部下的心灵；哈尔西热情豪迈，慷慨激昂，而斯普鲁恩斯则言简意赅，一语中的。二人在太平洋战争中各自有着重要的独一无二的地位，都做出了巨大的贡献。

尼米兹非常喜欢和赞赏哈尔西以及斯普鲁恩斯，他曾精辟地说过："斯普鲁恩斯是上将中的上将，哈尔西是水兵中的上将。"中途岛战役后，尼米兹说："这是一个我从不感到后悔的选择，斯普鲁恩斯有着卓越的判断力。他这样的指挥官是先对各种情况进行彻底调查，然后进行细致周密的考虑，一旦决定进攻，就狠狠地打。斯普鲁恩斯与格兰特将军一样，善于将战争引向敌人……斯普鲁恩斯胆大，但不鲁莽，比较谨慎，是打仗的天才。"

身在珍珠港的斯普鲁恩斯当天就接到了前往太平洋舰队司令部报到的命令。在司令部里，尼米兹告诉他："日本人计划攻占中途岛并进而攻打阿留申群岛，我们将用现有部队进行抵抗。哈尔西正在住院，由你出任第十六特混舰队司令，并接管哈尔西的参谋班子。"

◎ 你强，我也不会示弱

　　5月28日，日军登陆阿图岛和吉斯卡岛的部队从大凑港出发。11时30分，"大和号"战列舰上的军乐队像往常一样在参谋官厅外集合。5分钟后，军官们穿着笔挺的白色制服陆续进入官厅就座，进行曲骤然奏响。勤务兵来到联合舰队司令山本五十六的官舱门口敲门。山本早就准备好了，他走出走廊进入官厅，参谋们鞠躬致敬，这是旗舰进港后的一种日常仪式。

　　28日午后，美国太平洋舰队第十七特混舰队司令弗莱彻少将率领舰队抵达珍珠港。在珊瑚海大战中受伤的"约克城号"航空母舰驶进已经准备好的船坞，等待修理。尼米兹上将穿着长统靴，带着一个检查组夹在几百名蜂拥而上的工人中，登上"约克城号"。他发现"约克城号"尽管受伤严重，但是推进器、升降机完好无损，木制的飞行甲板在返航途中已经修好，被炸坏的门舱可以用木料暂时撑住，其他伤处需要费点时间，但绝不像有人汇报的那样，3个月不能出动。

"3个月？可以把'约克城'修成新的了。我可不需要一艘新舰，只要能参战就行。"尼米兹阴沉着脸下令，"3天之内'约克城'必须出航。"

尼米兹离开的时候，焊接工具、钢板和其他材料以及电焊的弧光已经把"约克城号"航空母舰变成了一座忙乱的工厂。

黄昏时分，尼米兹在司令部办公室召开战前最后一次会议，讨论作战方案。太平洋舰队参谋长德雷梅尔少将、作战参谋麦克莫里斯上校和情报参谋莱顿，第十六特混舰队司令斯普鲁恩斯少将、作战参谋伯雷克中校，第十七特混舰队司令弗莱彻少将、作战参谋辛德勒中校参加了会议。

会议决定在处于劣势但明晰敌方计划的情况下，应采取出其不意的作战原则。美军舰队在中途岛以北200海里处隐蔽待命，这一待机地点以"幸运角"为代号。当日军舰队派出舰载机攻击中途岛之际，对日军航母发动突然袭击。此项作战计划编号为太平洋舰队第29—42号作战计划。

为了能尽早发现来袭之敌，美军在中途岛以西700海里、300海里、150海里分别部署了1艘、3艘、6艘潜艇，组成三道巡逻警戒线，在中途岛西北海域部署2艘潜艇做机动巡逻。从5月底开始，每天派出22架次水上飞机对中途岛以西700海里范围按不同扇面进行长达15小时的巡逻搜索，以便在日军舰队进入攻击距离前及时发现。尼米兹还特别命令正在珊瑚海执行任务的"坦吉尔号"和"盐湖城号"巡洋舰使用航母通常使用的无线电频率发报，实施无线电伪装，以混淆日军的无线电监听。

这是一个对严酷事实进行冷静分析的会议，没有激情迸发的豪言壮语，也没有悲观失望的唉声叹气。尼米兹用温和的声音说："日军不久将以其航空母舰部队先从西北方向进入中途岛海域。由于我们舰只不足，不能将这些有限的力量部署在日军和中途岛之间。为了取得战役的突然性，主要作战部队埋伏在日军侧翼。弗莱彻和斯普鲁恩斯的特混舰队处于劣势，若与日军正面交锋，必将陷于灭顶之灾。这就好比聪明的牧羊犬驱赶野狼那样，从侧翼追击，突然冲上去咬一口，这就是我们的打法。"

尼米兹还通报了华盛顿和海军总部对这次战役的指示。由于日本联合舰队倾巢出动，所以必须估计到另外一种可能，如司令部一直担心的那样，日本的真正目标是珍珠港或者美国的西海岸。尼米兹说："我们对此必须做好思想准备，危险的不只是中途岛。为此，海军总司令专门给我们提出要求，只能采取强有力的消耗敌人的战术，不能拿航空母舰和巡洋舰去硬拼。"尼米兹说着走到一张巨大的海图前，再一次解说了作战计划。

会议进行了一个多小时，尼米兹把要说的话全部说完了。与会者神情严肃，他们知道，有取胜的可能，但把握不大。尼米兹最后以平和而坚定的语气再次提醒大家："请务必遵循不轻易冒险的原则。记住，太平洋舰队和美国海军的家当不是用来赌博的。总之，此次战役将会非常残酷，任何情况都有可能发生。不管怎样，太平洋舰队决不能钻进日本人设置的圈套。相反，我们要像老鼠那样，既要一口一口地吃掉鼠夹上的奶酪，又不触动夹子上的弹簧。"

最后，尼米兹用平静而坚定的语调对作战计划作了如下总结：

面对处于极大优势的日军，我们应采取如下 3 项制敌策略：

1. 航空母舰部队避免在中途岛以西正面与日军交锋，应采取侧翼伏击战术，突然袭击敌航空母舰部队。第十六和第十七特混舰队秘密驶抵北纬 32 度、西经 173 度的中途岛东北约 325 海里处会合，在那里隐蔽待机，准备突袭预计在中途岛西北面出现的敌航空母舰部队。

2.两支特混舰队指挥官以消耗战术最大限度地摧毁敌人，主要使用舰载机对敌发动空袭，尽量避免与其面对面对抗。

3.进行任务时，一定要遵循不轻易冒险的原则，即若无把握使具有优势的敌军遭受比我军更大的伤亡时，千万不要暴露自己，以免遭遇日军打击。

为了能很好地贯彻3项制敌策略，尼米兹对参战部队提出了6项要求：

1.尽量远距离发现并攻击敌人，以防止敌航空母舰对我中途岛守军发动奇袭。为此，中途岛部队一定要加强警戒，进行700海里空中巡逻。为实现对来犯之敌的早期预警，我潜艇部队应在中途岛以西150海里、300海里和700海里处构建3道警戒线。

2.对敌航空母舰部队的空中打击，应在其空袭中途岛前展开。发现敌航空母舰部队后，首先以中途岛上的陆军航空兵B-17型轰炸机进行远距离轰炸，夏威夷方面的轰炸机也应立即出动，投入战斗。

3.我航空母舰部队在中途岛东北海面的日军空中搜索圈外隐蔽待机，中途岛警戒飞机一旦判明敌情，马上接近并奇袭敌航空母舰。

4.中途岛西面警戒的潜艇伺机发动攻击。

5.中途岛守军要全力守住该岛。

6.重点防卫荷兰港至阿拉斯加之间的区域，全力阻挠敌军对阿留申群岛的进攻。

美军与日军虽然在兵力对比上处于劣势，但有了这些周密的具有针对性的计划及可靠的情报，很有可能扭转战场的不利形势。情报部门让尼米兹有信心置日军于死地。当尼米兹获悉日本将使用联合舰队的所有兵力实施中途岛作战时，非但没有被吓倒，反而大胆采取行动，并有意把较小的兵力投向强大得多的日军。鉴于自己无力与日军正面交锋，尼米兹命令弗莱彻和斯普鲁恩斯把第十七、第十六特混舰队部署在南云忠一第一机动部队的侧翼，以便从有利的战场位置出发，对日军发动突袭。

会议结束时，夜幕早已降临。弗莱彻和斯普鲁恩斯并肩走下台阶，步入夏威夷柔和的夜色中。虽然他们还有许多问题需要考虑，但面对即将到来的考验，他们头脑冷静，态度现实，且毫无惧色。

◎ 山本也有忌讳

5月29日清晨，美国太平洋舰队第十六特混舰队司令斯普鲁恩斯率领先遣部队起航，第十七特混舰队紧随其后。他们将在北纬32度、西经173度、中途岛东北约325海里处会合，尼米兹将这个会合点称为"幸运点"。会合的时间要求非常精确，晚了，整个计划就会落空；早了，被日军发现的概率会加大；如果其中一支舰队迟到，另一支舰队将被迫单独作战。这样一来，取胜的概率会大大降低，甚至有可能遭到惨败。

两支特混舰队会合固然需要准确计算时间，而选择进攻发起的时机更需要精细、恰当，必须同时具备以下3个条件：让日军接近中途岛，又不能太近；尽量接近日军，也不能太近；凭借侦察手段和个人直觉，在最恰当的时机突袭日军，同时避免自己遭受类似袭击。

上述3点，美国人必须分毫不差地做到。正如尼米兹后来所说："当时，整个形势非常严峻，需要我们的航空母舰最最精确地选择时机……"

美军困难虽然很多，但也有几个有利因素，利用得好就能创造奇迹。除了情报优势和作战的突然性外，美军还有内线作战的好处。从地图上可以看出：中途岛距离珍珠港约 1140 海里，而距离日本联合舰队的柱岛基地有 2250 海里，两者距离相差近一倍。

尼米兹的另一张王牌是太平洋的海底电缆。1903 年，这条电缆从檀香山一直铺设到菲律宾的马尼拉，中途岛是其中的一个中继站。战前，珍珠港和中途岛之间忙碌的通信联络大部分是经由这条电缆沟通的，保密性非常好，日本人根本无法了解美国人在干什么。另外，美国的雷达比日本先进很多，可以保证先敌发现目标，抢占作战先机。短距离的舰与舰、舰与机之间的通话，可以通过无线电话系统进行，而日本人却无法截听。

与此同时，山本五十六亲自率领的 34 艘巨舰起航。由"大和号"超级主力舰带队，7 艘主力舰驶过丰后水道，进入太平洋。它们四周是一批驱逐舰担任警戒，还有巡洋舰和护航航母上起飞的飞机。部队留在濑户内海进行了严格训练，以备在将来跟美国舰队的决战中起主导作用。这些巨型军舰的官兵们相信，战列舰的巨大火力一定能赢得将来的战斗。

大战在即，山本自我感觉反倒越来越差。4 天前，借联合舰队举行最后一次沙盘演习的机会，他在旗舰"大和号"上为即将出征的军官送行。他命令部下拿出天皇赏赐的清酒，为大家送行。就在大家兴高采烈的时候，厨师上了一道"加酱烧鲫鱼"。山本一见，脸色大变，往事涌现在眼前。那个时候，他还是一名海军准尉，因为吃了这道菜，结果在日俄海战中被俄国人的炮弹炸掉两根手指。占领中国的南京时，他在军舰上遇到了长江大鲫鱼，及时阻止了厨师已经烧了一半的"加酱烧鲫鱼"，最后他们果然取得了胜利。

往事不堪回首，负责伙食调配的勤务兵近江兵冶郎怎么会想到还有这样的故事？见此情景，山本的副官厉声斥责近江："'加酱烧'多难听，这个时候怎么能吃这样的菜？"

　　近江顿时领悟，"加酱烧"日本音是"失败"的意思。他赶忙认错："是我的一时疏忽，以后一定注意。"还好长官脾气好，如果是脾气暴躁，说不定连盘子都给摔了呢。

　　山本没有摔盘子，他大声说："没关系，我们都是大和魂的男子汉。"说着，把天皇御赐的葡萄酒连同杯子一道掷进大海。

　　想到这些不愉快的经历，山本不由得打了个冷战。他匆忙走回卧室，拿起笔，写下了战前的最后一封家书："正如你为我而竭尽身心一样，我也在为祖国而身遭厄运，来往于战火硝烟之中。为了国家和民族，我甘愿千辛万苦，视死如归……我们已起锚出征，在海上约需3周的时间。我将亲自指挥作战。说心里话，对于这次出征，我没有多大期望。今天是海军纪念日，前面的道路坎坷难行，不知道会发生什么事情。"

　　山本指挥舰队很快到达公海，随即变成战斗队形：以战列舰编成2个纵队，"大和号""长门号"在右，"伊势号""日向号""扶桑号""山城号"在左；轻航空母舰"凤翔号"在2个纵队之间，负责起飞和收回巡逻机；轻巡洋舰"仙台号"同其他20艘驱逐舰则围绕在战列舰群周围；轻巡洋舰"北上号"和"大井号"担任后卫，以警戒美国人追踪的潜艇。整个舰队以18节的航速向东南方向移动。

　　这一天，美国太平洋舰队也开始起航，此时南云忠一的第一机动部队已经离开柱岛2天。当地时间11时，斯普鲁恩斯的第十六特混舰队开始出海。

"企业号"航空母舰的主机启动，全舰进入二级战备状态，缓速进入航道，并以 25 节的航速驶出珍珠港，"大黄蜂号"航空母舰紧随其后。为这两艘航空母舰护航的是 5 艘重型巡洋舰、1 艘轻型巡洋舰和 9 艘驱逐舰。此外，斯普鲁恩斯还有一支 2 艘油船组成的由 2 艘驱逐舰护航的油船补给队。

　　斯普鲁恩斯走了，珍珠港内显得冷清了不少。只有一个地方例外，那就是海军船厂，成百名工人正加紧抢修"约克城号"航空母舰。他们干了一整天，夜晚还要轮班干。铆钉枪"咔咔咔"地响个不停，焊枪在全船撒下点点火花。"约克城号"在工人手中终于活了过来，次日该舰便要从船坞滑出，进入正常泊位。修理人员仍在舰上敲敲打打，同时还展开了加油和装载作战物资的工作。照这个速度，再有一天"约克城号"就可以出港了。海军向来注重整洁，可现在不是讲究外表的时候，不影响作战和舰体安全的部分一概没有修理。

◎ 日本人真的正赶来

　　5 月 30 日，天气开始变坏。山本舰队和近藤舰队经过中太平洋时，天气突然骤变，狂风大作。傍晚，山本的主力舰遇上强暴风雨，能见度极差，航行非常困难。舰队不得不降低航速，在狂风暴雨中艰难前行。不仅天气恶劣，山本所在的旗舰"大和号"的无线电员还截获到一份由位于日本运输舰群正前面的一艘美军潜艇发出的加急长电报。电报是发到中途岛去的。日军无法译出该电的密码，但这是在暗示，他们的运输舰群可能被美国人发现。如果这样，美军几乎可以测定这些运输舰是入侵中途岛的，因为从塞班岛出发采取东北航向的一支如此庞大的船队绝不能仅仅是一支驶向威克岛的补给部队。

　　山本听完报告后，泰然自若，一副不慌不忙的样子。他满不在乎地告诉他的部下，如果美国人已经判断出他们的意图，那就立即出动大批舰队迎击，正好达到事先计划的殊死一战、诱敌歼灭的目的。山本的胸有成竹和富于战略眼光，令部下们钦佩不已。

5月31日，天气依然不见好转。不只是山本和近藤的舰队，处于前方的南云忠一的第一机动部队也遇到了强风和暴雨。此时，"大和号"上的无线电情报员截听到美军在活动，尤其是在夏威夷和阿留申群岛附近的飞机和潜艇的动态。山本与其参谋认为，夏威夷附近的动态可能预示着美军有一支特混舰队即将出击，所以他们便迫切期待飞艇的侦察报告，而飞艇原定于当天在夏威夷进行侦察。

"大和号"从电讯中发现夏威夷附近美军飞机和潜艇活动频繁。山本判断，极有可能是美国特混舰队出动的前兆。山本的判断完全正确，美军第十七特混舰队簇拥着刚刚抢修完毕的"约克城号"离开珍珠港，前去追赶第十六特混舰队，准备在中途岛东北处的伏击点会合。

然而，战争是不能凭空猜测的，山本急切地等待对夏威夷侦察的结果。对夏威夷珍珠港实施战前侦察，在山本的作战计划中占有非常重要的地位。珍珠港偷袭战中，正是由于夏威夷间谍网的出色工作，才保证了偷袭的圆满成功。如今，夏威夷间谍网已经不复存在，联合舰队几乎失去了了解美国太平洋舰队的一切手段。

为了避免盲目投入作战，山本精心制订了代号为第二次"K号作战"的空中远程侦察计划。按照该计划，2架水上飞机于5月30日0时从沃特杰起飞，日落前的14时30分（东京时间）到达中途岛附近的弗伦奇－弗里格特无人岛礁。利用悄悄等候在那里的潜艇加油后再次起飞，于20时45分（当地时间5月31日1时15分）到达夏威夷上空，完成对太平洋舰队的侦察任务，然后返回沃特杰。

然而，这个经过仔细安排的侦察计划出了问题。5月30日，当"伊–123号"加油潜艇抵达弗伦奇–弗里格特岛礁时，没想到在那里竟然停着2艘美军船只。"伊–123号"紧急发报，向沃特杰报告了这个情况。报告说，按照计划在这里给水上飞机加油是不可能了。负责指挥第二次"K号作战"的第十一航空战队司令接到紧急报告后，命令侦查任务推迟，并指示"伊–123号"潜艇继续在岛礁监视。次日，"伊–123号"潜艇报告称，发现弗伦奇–弗里格特岛礁附近有2架美军水上飞机。可见，美军已经把弗伦奇–弗里格特岛礁作为水上基地使用了。除了放弃"K号作战"计划外，山本别无选择。

　　山本的"K号作战"计划受挫意味着无法弄清目前珍珠港内美军究竟有多少兵力及其动向。不过，日本联合舰队司令部仍然希望，如果美军舰队从珍珠港向中途岛出动的话，由小松海军中将的潜艇部队在夏威夷和中途岛之间建立的潜艇警戒线，能够提供预警及美军出动的兵力情况。令山本没有想到的是，这一期望也落空了。预定于6月2日到达警戒位置的潜艇迟到了，这些潜艇到6月4日才赶到阵位。此时，美国的2支特混舰队已先后通过这一海域。联合舰队失去了又一次觉察美军行动的绝佳机会，现在侦察手段只剩下无线电侦听了。

　　美国第十七特混舰队完成了各项准备工作。尼米兹登上"约克城号"，祝愿全舰官兵一路顺风。他还特地向飞行员们表示敬意，并解释说他是在万不得已的情况下让他们放弃休息立即投入战斗。他保证，战役一结束就派"约克城号"回国度假。9时（当地时间）弗莱彻率领第十七特混舰队开始起航，对外称进行射击练习。第十七特混舰队的实力比两天前离港的第十六特混舰队差多了，只有1艘航空母舰、2艘重巡洋舰、5艘驱逐舰。当然，资历较深的弗莱彻从尼米兹那里得到任命，待 2 支舰队在"幸运点"会合后，斯普鲁恩斯的第十六特混舰队将归弗莱彻统一指挥。在实际作战中，2 支舰队仍要保持间距各自为战。

6 月 1 日，美国海军总部向加利福尼亚州海岸以西 400 海里海域派出海上巡逻队。各城市驻军向市民发出警告，要求他们一旦发现身穿美式军服的日本人立即报告，并集中关押了少数日本侨民。之前，美国人吃够了日本间谍的苦头。几个沿海大城市的武装驻军日夜在港口和街头巡逻，而他们更多关注的是空中。几个月前，珍珠港的灾难就是从天而降的。与之相比，夏威夷群岛充斥着更大的惊恐和紧张。几个月前，日军投完炸弹溜掉的轰炸机至今似乎还在空中游荡着，令人心生余悸，到处流传着日本大批舰队向夏威夷开来的消息。

为了准备收容死伤者，陆军医院的全部患者除特殊重病号外，一律转移，以便腾出床位。太平洋舰队司令部要求住在珍珠港和檀香山市区的老弱病残和妇女儿童一律疏散到安全地带。珍珠港开始了紧张的战备活动，工厂停止生产，商店、餐厅和酒吧大门紧闭，工人和职员们自动组织民防义勇队，彼此一见面，就瞪着惊骇的大眼睛说："日本人正在赶来！"

到了夜晚，美国西海岸几个大城市的灯火完全熄灭，美国人守候在防空洞附近，一刻不停地注视着天空。哪怕有一点风吹草动，或者夜空中掠过一个流星，都令他们毛骨悚然，以为是日军飞机来了。

与之不同的是，在太平洋舰队司令部作战指挥室里，尼米兹正率领部下严阵以待。指挥室内挂着灯火管制的窗帘，尼米兹和他的作战参谋们紧张地工作着，电报和电话声此起彼伏。两天前，尼米兹已经派出侦察机，在中途岛600—700海里的范围内进行巡逻飞行，一旦发现日本舰队必须在攻击前发出战斗警报。12艘潜艇已经出动，它们带有双重战斗任务：一是攻击日军航空母舰，二是向司令部电告敌情。

◎ 不再犹豫，按计划行事

6月2日，天气阴沉沉的，能见度非常差。山本五十六站在"大和号"的舰桥上，手拿望远镜，只能勉强看到1500米远的驱逐舰警戒舰队模模糊糊的轮廓。海风刮来一阵大雾，相邻的舰队突然消失在雾霭中。罗盘仪指示，舰队已经抵达中途岛以西大约1000海里的水域，正在朝西北方向行驶。

离主攻目标越近旗舰"大和号"上的气氛越紧张。一个值班电报员跑来向山本报告说，派出侦察的"伊–168号"潜艇刚才发来电报，在库雷岛以南发现巡逻的美军警戒舰，距离中途岛600—700海里。种种迹象强烈表明，美军加强了对中途岛西南方面的巡逻。后来又有报告说，在威克岛东北约500海里地方发现美军一条相当规模的潜艇巡逻线。越来越多的情报表明，美军提前实行了严格的警戒和侦察。

山本对他的参谋们说："敌人已经发现我们了，难道他们早就知道我们的作战意图？"

有人建议，立即将这一情况通知 600 海里外的南云忠一的舰队。因为这些情报表明，美军已经猜测到日本舰队向中途岛移动，早已严阵以待。

　　这个时候，南云忠一的舰队已经进入浓雾笼罩着的海域。暮霭沉沉，又下起了小雨，这是大雾袭来的征兆。南云下令减速行驶。为了看清队形中相邻的舰只，他吩咐打开强光探照灯。然而，灯光还是穿不透越来越浓的大雾。在这种天气下，舰队很难再保持蛇形前进了。

　　南云和军官们聚集在旗舰"赤城号"的舰桥上，默默地注视着前方，焦虑和紧张的神情写满了每个人的面庞。他们不时拿起望远镜，眼睛睁得大大的，想把视线穿透前方迷蒙的雾障。然而，什么也看不见，好像有谁在有意阻止来犯者。

南云忠一

　　南云忠一，二战期间日本最优秀的海军将领之一，1887 年 3 月 25 日生于本州北部的山形县。他从江田岛毕业时，名列班上前 10 名，早在 1933 年就出任巡洋舰舰长。南云在联合舰队中是数一数二的人物，属于"红砖派"。他曾在海军部任过职，由于海军部的房子是红砖建造，所以有"红砖派"一说。他还曾在海军军令部和联合舰队参谋处任职，而且担任过海军大学的教官。

1934 年，南云担任战列舰舰长，后来成为一支舰队的司令官。在每次演习会议上，他的言论明确而有条理，让人油然起敬。他坦率、诚恳而又体恤下属，总在帮助年轻的军官，在海军享有较高的威望。1941 年 12 月，山本五十六决定偷袭美国的珍珠港海军基地，选定他担任先锋。南云不负众望，出色地完成了任务。然而，如同大多数人一样，随着战事进展，南云开始变得保守起来。他的一度旺盛的战斗精神不见了，随之消逝的还有他杰出海军领导人的风度。身边的人经常发现，南云在指挥作战时没有了首创精神，往往当计划处于发展中时，他总是只批准他的幕僚的建议。他的作战参谋玄田回忆："每次当我起草计划时，总是被不加思考地批准了。这似乎可以把我的工作弄得比较简单，实则不然。相反，每次当我看见我的方案原封不动地批下来成为命令时，总会感到莫名的不安。"

南云忠一在战斗中指挥略显迟缓，不过还算中规中矩。中途岛的失败是日本海军总危机的爆发，对南云的指责多是无中生有。1944 年，南云出任日本中太平洋舰队司令官兼塞班岛守备队总指挥，在塞班岛战役败局已定后自杀。南云死后，日本大本营追授他为海军大将。

南云忠一担负着两项任务：第一项任务是于 6 月 5 日空袭中途岛，为登陆作战铺平道路，这一任务使他的部队在行动上受到严格限制；第二项任务是搜索并摧毁可能遇到的美军舰队，这就要求南云有完全行动的自由，同时在搜索的过程中还要绝对保守行踪秘密。很显然，这两项任务是互相矛盾的。

越来越接近战区，需要做出明确的决策，南云及其参谋人员不得不考虑首先对付哪种情况的问题。然而，直到现在对于美军部队的情况仍然一无所知。鉴于此，南云召集参谋们在甲板上开了一个简单的会议，主题是研究有关情报问题。

参谋处长大石保上校首先发言："联合舰队的作战命令以摧毁敌方部队为首要任务，其次才是与登陆部队配合。上级明确规定我们务必于 6 月 5 日对中途岛发动空袭。我认为，若在起飞前仍没有发现敌特混舰队，我们就必须按命令对中途岛实施空袭。……若我们不按计划把以中途岛为基地的敌空中部队消灭掉，等到陆军部队登陆时，一定会遭到敌人强有力的反击。这样，势必会影响整个作战计划的展开。"

南云边听边点头，以其惯常的坦率的语气向每人提出了一个共同的问题："如果在作战海域发现一支美军舰队，我们该怎么做？"

大石接着说："由于我们没有对珍珠港施行侦察，以致对敌舰队一无所知。如果敌舰队还在珍珠港，那么他们只能在我们袭击中途岛后才能出击。这样一来，我们就有充分时间对付他们。就算是他们已经获知我们的情况并已经出动，此时离开其基地也没多远，自然不会太接近我们。鉴于此，我以为应按作战计划空袭中途岛。"

参谋长草鹿龙之介向情报官询问，在截获的无线电中有无关于日军行动的迹象。当草鹿知道没有什么情况后，又查问有没有从联合舰队旗舰"大和号"收到什么情报。回答仍然是没有，于是他向南云建议："既然我们必须执行作战命令，那么我建议用低功率的舰队内部无线电发布改变航向的命令，以便我们顺利展开。"

南云思索片刻，认为也只能这么做了。从下午一直到晚上，南云率领的第一机动部队仍然笼罩在大雾之中。"赤城号"舰桥上一直十分紧张。军官休息室内，飞行员们在纵声谈笑，他们在等候命令。对中途岛的空袭早已准备就绪，天气恶劣导致当前没有飞行任务，所以飞行员们无事可做，只好靠玩牌消磨时光。

由于前进中的各个舰队严格实行无线电静默，南云的舰队与"大和号"上的山本五十六一样都不了解美军的动向。他们没有想到，美国舰队已经处于待命之中，随时可以扑来。

这时，山本犯了一个重大的错误，虽然他没有得到什么有用的情报，但"大和号"凭借完善的无线电设备已经明显感到美军的异常活动，这说明有一支美国舰队已从基地出发了。山本应该把这些动向及时通报给南云，可是他什么也没有做。

"大和号"上的大功率接收设备收到了来自海军军令部的重要通报："美国航母舰队很可能正在中途岛以东运动，也许正准备设伏。"从通报内容来看，军令部对这些内容没有十足的把握，因此使用了"可能""也许"之类的词语。军令部认为事关重大，仍然通报了联合舰队，供山本参考。

是否告知南云？山本犹豫了。

之前，他从未考虑过打破无线电静默，因为只要"大和号"上的无线电一开，南云固然能收到指示，珍珠港的美国人也会在同一时间截获情报。即便美国人不了解电报内容，"大和号"的位置则会因此暴露。众所周知，"大和号"自从担任联合舰队的旗舰以来，一直停泊在柱岛锚地。这个时候，旗舰突然出现在中途岛以西，美国人当然明白意味着什么。

如果仍然像奇袭珍珠港时那样，联合舰队司令部停在柱岛基地不动，山本会毫不犹豫地把一切有价值的东西通报给南云忠一，不必担心因此而暴露位置。然而，此次作战不同，为了寻求在海上决战，为了让开战以来一直驻留锚地几个月无所事事的官兵们有一显身手的机会，山本亲率战列舰部队出征。这个时候，山本才感到自己反而失去了发布指示的自由，至少在南云部队打响战斗前，保持无线电静默是很重要的，否则肯定暴露自己的位置，这也就意味着失去了战役的突然性。

日本联合舰队首席参谋黑岛龟人大佐觉察到长官山本的难言之隐："我们不能打破无线电静默，南云舰队也是收报单位，会收到军令部的通报的，所以没有必要以联合舰队的名义另外通报。"

山本点了点头，找渡边安次参谋下棋去了。

第四章　直扑中途岛

美军战机一架一架被日军的"零"式战斗机击落。中途岛上的美军指挥官通过双筒望远镜沮丧地看到"水牛"式和"野猫"式战斗机被日军像拍苍蝇一样拍下来。不到30分钟，即有17架被击落，受伤返回的其他几架仅有2架可以再次起飞。

◎ 开炮，继续前进

一切按计划执行。

日本联合舰队各路部队在大雾中向前猛冲，看不清方向，如无头的苍蝇。南云忠一早就准备好了装运俘虏的船只，甚至还储备了足够的火化美军尸体的汽油。他唯一没有想到的是，前面的巨大陷阱。

6 月 3 日上午，田中率领的运输舰队"神通号"给联合舰队司令山本五十六发来急电，报告在中途岛以西 600 多海里处被美军飞机发现，其水上飞机一直在跟踪。山本立即回电："用高射炮猛烈射击，脱离接触！"

一切都已明朗，日本舰队已经被美军盯上了。山本判断，尼米兹很快就会采取行动，这样的话，中途岛作战计划极有可能被打乱。果然不出所料，山本所在的"大和号"又收到了田中发来的急电："报告司令长官，9 架 B-17 轰炸机袭击我运输舰队，9 架 B-17 轰炸机袭击我运输舰队！"山本当即下令："开炮，继续前进！"

10 分钟后，田中的"神通号"再次发来急电："战斗正在进行，舰队没有中弹！舰队没有中弹！"

听了田中的汇报，山本总算松了一口气。

16 时，美军第十六特混舰队与第十七特混舰队在"幸运点"会合。一切准备就绪，第十六特混舰队司令斯普鲁恩斯立即对所部舰队发出作战命令：

敌舰队正在靠近，以占领中途岛为目的的攻击即将开始。敌兵力可能由所有战舰类型编成，包括 4—5 艘航空母舰、运输舰和补给船在内。如果敌军不清楚我第十六、第十七特混舰队的位置，我们就可以从中途岛东北某一地域对敌航空母舰部队施行突然攻击。整个作战行动将以我们攻击的效果、我中途岛兵力对敌造成的伤害以及敌方运动的情报为基础。现在开始，我们务必进入战斗状态，随时可以投入战斗，以确保作战胜利。此次胜利对于我们的国家来说意义重大，我们没有退路，只有全力以赴。

3 日晚，美军两支特混舰队很多官兵写好了遗书。地勤人员通宵检查飞机，厨师们忙碌地制作数以千计的三明治，作为明天的战斗快餐。作为战斗主角的飞行员反倒异常清闲，直到 21 时，热闹的马拉松式的掷骰子赌博才宣告结束。美军历来迷信"赌场得意，战场失意"，战斗前夕在赌博中输得越惨的人在战斗中就越有好运。

6 月 4 日凌晨，日本"神通号"运输舰队的情况接二连三地被无线电话传到山本所在的"大和号"上。运输舰队遭到美军飞机的低空攻击，"曙光号"

油轮被炸，官兵有所伤亡。此前，山本和他的幕僚一直有说有笑，对即将开始的大战非常乐观。这时，一张张脸变得凝重起来，预感到情况不妙。中途岛作战计划规定，航速较慢的运输舰队先于机动舰队出发。这样做看来是错误的，因为它们航速较慢，容易被敌人发现。出发前有人曾提议，推迟运输舰队的出发日期，被山本拒绝了，坚持运输舰队提前行动。油轮一旦被击毁，便断了机动舰队的燃料，这等于是自取灭亡。

凌晨 2 时 30 分，日军"赤城号"航空母舰的瞭望哨突然报告："右舷 70 度方位好像是敌机的航灯。"舰桥上的每一个人都向报告中所说的方向望去，没有看到任何东西。起航以来从未离开舰桥的青木舰长不敢怠慢，立即下令备战，所有人员赶赴战斗岗位。经过 1 分钟的瞭望和等待，青木舰长问瞭望兵，是否还能望见报告中所说的灯光。瞭望兵迟疑了一下回答："长官，看不到灯光了。"

青木警告所有瞭望兵："报告前，一定要弄清看到了什么。"他还提醒这些瞭望兵不要由于舰船的摆动误把星光看成灯光。

青木正要下令停止备战的时候，之前的瞭望兵再次喊起来："同一方向又发现了灯光，绝不是星光！"

全队各舰立即接到防空警报，一番紧张过后，依然无法证实有美军飞机出现。这时，日军空袭中途岛行动的时间就要到了，而指挥官南云忠一仍然没有得到关于美军舰队活动情况的情报。作战时间已到，南云必须迅速作出决定。

黎明前，南云召集参谋开会，对战前形势作了最后分析。南云和他的参谋们对于当时的敌情作出如下判断：

中途岛登陆战一旦开始，敌方舰队极有可能出来应战；从中途岛出发的敌空中巡逻机，西向和南向较多，北向和西北向较少；敌空中巡逻活动半径大约 500 海里，危及不到我方舰队的安全；敌还没觉察我之企图，也没有发现我机动部队；我周围没有发现敌特混舰队。

　　根据上述判断，我军可以空袭中途岛，歼灭岛上敌岸基飞机并支援我登陆作战。之后，我们转过头来迎击敌机动部队，并予以歼灭。敌军如果出动岸基飞机攻击我舰队，我军立即以截击机和高射炮火将其击退。

　　战事的发展证明了南云的分析和判断是错误的。正是根据这个错误判断，南云把日本声名赫赫的航空母舰攻击部队送入了地狱。

　　中途岛正在等待南云航母编队的光临。岛上的美国守军天不亮就忙了起来，准备迎战通报中即将到来的猛烈攻击。海军陆战队第六守备营的高射炮兵已经全部进入战斗岗位，码头上停泊着 8 艘鱼雷艇，随时准备营救空战中落水的幸存者。除了空中巡逻的飞机外，所有的飞机待命出击，中途岛保卫战最沉重的担子落在了这些飞行员们的肩上。计划规定，一旦发现日机接近，机场上能飞的飞机全部升空，以免重蹈珍珠港的覆辙。战斗机中队在空中拦截日机，轰炸机中队则前去寻歼日军的航空母舰。

◎ 同时搜索，大不一样

时间一分一秒地过去，不速之客还没有出现。中途岛的美国守军不耐烦了，地面部队走出掩体开始活动筋骨，已经发动了 30 分钟的飞机关闭了发动机。飞行员们回到待机棚里，只有雷达站和空中巡逻人员在紧张地搜索着海面和空中。

对于巡逻机驾驶员霍华德·艾迪海军中尉来说，这是一个终生难忘的早晨。他有幸承担了向中途岛西北方向搜索的任务，而这个方向恰恰是日军第一攻击梯队飞来的方向，也是南云部队所在的方向。

艾迪驾机飞了 1 个小时后，发现下方有 1 架水上飞机沿着相反的航向向他逼近。他立即用无线电发出"出现 1 架来历不明的飞机"的报告。日军的飞机不可能从本土起飞，它的后面一定有 1 艘把它运到这里的战舰，而 1 艘战舰独自深入太平洋的中途岛附近更是不可能的，这就是说肯定有一支舰队。艾迪继续向前飞，却没有发现拥有 108 架飞机的日军第一攻击梯队。2 时 30

分，艾迪驾机冲出云层。7个机组人员几乎同时惊叫了起来："哇呜！好大一片军舰！"

尽管艾迪是为了寻找日本舰队而来的，可是当他看到海面上的情景时，仍然胆战心惊。艾迪用激动而微微发抖的左手打开了发报机的开关：

我是瑞香，我是瑞香，发现敌2艘航空母舰，发现敌2艘航空母舰，还有2艘重型军舰，应该是战列舰。巡洋舰和驱逐舰数目待报。我是瑞香，我是瑞香，发现敌舰队，方位320度，航向135度……

为了躲避日军的战斗机，艾迪躲进云层并在南云部队的上空盘旋，继续报告："2艘航空母舰，2艘战列舰，方位320度，距离180海里，航向5度，航速25节。"

尼米兹接到艾迪的报告后，一下子兴奋起来。他走到作战室把日军的位置标在图上。报告中只提到了2艘航空母舰，但尼米兹坚信有4艘，至少也有3艘，事态发展无一不证实了情报远比战场人员的眼睛更准确。

尼米兹找到情报小组组长莱顿："你的预测非常准确，谢谢你。"正在中途岛东北面的第十七特混舰队司令弗莱彻也应该收到这份重要的敌情报告。为了防备万一，尼米兹还是向弗莱彻转发了原电。这份查明南云部队准确位置的电报对尼米兹来讲，不过证实了计划的正确，而对弗莱彻的意义可大不一样，他可以据此起飞展开出其不意的猛烈攻击。

弗莱彻确实收到了中途岛的电报，他的位置正处在中途岛东北面约300海里处，距西面的南云部队至少有300海里。他知道日军大概的方位，但精确位置有待查明。弗莱彻不能为了一个大概的预测，就派出大批飞机贸然攻击。在茫茫大海上，倘若一旦扑空，其后果将是灾难性的，至少会失去谋划已久的突然性。不动则已，动就必须在精确地点、精确时间发动精确的突袭。

天不亮，弗莱彻像他的对手南云一样派出搜索飞机。不同的是，南云向东的搜索是盲目的，他不知道前方存在一支美军特混舰队，而弗莱彻向西的搜索是明确的，是要确定日本航空母舰编队的准确位置。

对弗莱彻来说，最好的选择是南面中途岛上的巡逻机能首先发现南云部队。日军即便看到了这些飞机也不会得出美国舰队就在附近的结论。相反，如果弗莱彻的飞机先发现了日本舰队，那么日本人就会从飞机来的方向判断出它们并不是来自中途岛，而是来自东面某处海面上的舰队。如此，南云自然会把全部力量集中用来对付东面的威胁，尼米兹精心策划的侧翼伏击也就失去了突然性。

艾迪的电报明确了一切，而弗莱彻的第十七特混舰队又没有暴露行迹。弗莱彻用信号灯通知后面 8 海里远的第十六特混舰队司令斯普鲁恩斯："向西南方前进，靠近敌航空母舰，然后发起攻击。"

按照海图计算的结果，按这个方向再高速航行 1 个小时，南云的舰队就会进入美军飞机的有效攻击半径。然而，此时的日军还被蒙在鼓里，专注于中途岛方向。友永丈市大尉的机群已经起飞 1 个小时。

2 点 45 分，比艾迪晚起飞 15 分钟的另一架巡逻机突然发现迎面一片黑压压的斑点，驾驶员蔡斯上尉急忙躲进云层，急忙用明码发电："敌大机群正在飞向中途岛，方位 320 度，距离 150 海里。"

◎ 渊田在担心什么

当南云的飞机起飞前往空袭中途岛时，山本五十六正远在南云后面450多海里的海面上。从前一天开始，山本就被胃病折磨着，此刻在听取参谋们的报告时仍然精神焕发。整个参谋处觉得战役在顺利地进行着。山本非常自信，认为这次还会像珍珠港那样，日本人将成为太平洋战场的主宰者。

南云忠一在第一机动部队待命室里为即将参战的官兵们举行欢送会。一半飞机停在金黄色飞行甲板上，准备起飞；另一半飞机正在装鱼雷，用来阻击对袭击作出反应的美国军舰。舰上的嘈杂声和起飞前的紧张活动吵醒了作战参谋源田实。部队出发不久，源田实便开始发高烧，好像是得了肺炎，一直躺在床上。这时，他不愿意错过发动这场进攻的机会。他来到舰桥上，在那里遇到了南云忠一。南云把手搭在源田的肩上："源田君，感觉怎么样？"

"将军，我很遗憾，请了这么长时间假。现在还有些发烧，不过觉得好多了。"源田实红红的腮帮子说明病情比他说的要严重很多，但一双眼睛闪耀着对战斗的渴望。源田的出现鼓舞着在场的所有人。半年多来，源田在计划和指导南云部队的作战方面起了重要作用。

源田来到舰桥不久，从病员舱里又跑上来一个病号。渊田美津雄听着舰上的嘈杂声，再也躺不住了。如果不是生病，率领参战机群的人应该是他。这些人都是他所熟悉的，其中大部分还是奇袭珍珠港时的部下。渊田支撑着爬起来，发现舱门已经关死。战斗即将开始，所有舷舱门都关得死死的。不过，每扇门上有个供人出入的小孔，紧急状态下可以转动曲柄将它打开。渊田抓住曲柄猛转，可是"赤城号"的应急出口并不是纸糊的，加上他生病十分虚弱，足足花了5分钟才把这个小孔打开。其间，他几次险些晕倒。他终于把小孔开到一定程度，从中挤了出去。他把小孔关好，以确保舰艇的水密性能。

渊田四下一看，发现进了个死胡同，因为过道封住了。他只好顺着通向舱区的小扶梯向上爬，在立足不稳的情况下强行打开了另一个应急舱盖。脚下不稳，身体虚弱，心里又非常焦躁，生怕自己没有赶到飞行甲板飞行队就起飞了。渊田用了很长时间才从第2个小孔中钻过去。他总共开关了10道这样的舱盖后，才到达住舱。歇了好一阵，渊田身上颤抖的肌肉才平静下来。他穿上军装，走向飞行指挥所。第1波攻击梯队在甲板上排列整齐，引擎已经发动，喧闹声便低沉下去了。

天空依然一片漆黑。透过高高的云层，偶尔能看见两三点星光。这预示部队作战遇上了极好的天气，晴朗无云，能见度非常好，有足以提供掩护的云层。海面风平浪静，利于起飞。飞行员们看见昔日健壮的渊田如今变得弱不禁风，站都站不稳，一种莫名的不安涌上心头。

渊田望了望漆黑的夜空，离拂晓还有一段时间，便问站在身边负责飞行准备的航空指挥官布留川海军大尉："什么时候日出？"

布留川答："5 点，阁下。"

"搜索飞机派出去了吗？单相还是双相？"

"还没有。搜索飞机同第 1 攻击梯队同时起飞。单相搜索，与往常一样。"布留川拿起图板给渊田解释道。

这张图很像一把檀香扇，扇面由 7 个扇片组成；以机动部队为中心向外辐射，形成 7 个独立的搜索区，整个东面和南面约 300 海里的区域都覆盖在扇面之下。每个扇片由 1 架搜索机负责。

尽管搜索范围还可以，但是渊田还是觉得最好用双相搜索。所谓双相搜索，是指在同一搜索区内相隔一定时间派 2 架飞机搜索。日机没有雷达，完全靠目力观察，所以只能白天进行有效搜索。为了天亮后尽早发现敌人，第 1 批飞机（第 1 相）应该在天未亮时起飞，以便天亮时到达搜索半径的终点，然后往回飞，开始搜索。由于第 1 批飞机向外飞的时候，在黑暗中经过的地区是未经搜索的，所以应该在天亮时 1 架飞机自外向里搜索，另 1 架自里向外搜索，这样才能保证以最快的速度先发现可能存在的敌航空母舰或其他目标。双相搜索疏漏的概率远远小于单相搜索。

司令官南云忠一认为这个海域没有任何迹象证明有必要为此担心，他希望以最大速度的兵力进攻中途岛，单相搜索就足够了，还能节约飞机。

鉴于此，南云下令于凌晨 4 时 30 分发起攻击。渊田突然想起两个月前在印度洋奇袭科隆坡和亭可马里时的情景。那两次也是单相搜索，而且都是在攻击机群离舰前往敌人陆上基地、舰队上空缺乏掩护的时候，搜索机才发现敌水面舰队，搞得自己的航空母舰非常紧张。想起往事，渊田禁不住问道："如果机群在空袭远处中途岛的时候，搜索机发现了一支敌人舰队，如何对付？"

布留川说："不要紧，我们的攻击分为两个波次，第1攻击波起飞后，第2攻击波立即做好准备，足以应付突发事件。"

"明白了。这样配备倒是不错，敌舰队如果真的出现，正好让我们打它一个落花流水。对了，搜索的时间是怎么配置的？"

布留川指着图板给渊田详细解释："东向和南向共有7道搜索线，而中途岛则处于搜索弧之中。另外，'赤城号'和'加贺号'各派出1架飞机，'利根号'和'筑摩号'各派出1架水上机，'榛名号'也派出1架水上机。除'榛名号'的水上飞机只有150海里的搜索半径外，其他飞机的搜索半径都是300海里。"

布留川这么一说，渊田才放下心来。他想，也许考虑太多了，美军的舰队怎么可能出现在这里呢？过几天他们才能赶到，到那时早已攻占了中途岛，机动部队就能以全部精力对付前来支援的美军舰队。

凌晨4时20分，离日出还有40分钟，"赤城号"航空母舰扩音器里突然发出命令："飞行员集合！"飞行员们迅速奔向舰桥下面的听训室，不久又回到甲板上向飞机跑去。飞行指挥官回到控制所，开始迅速发出一系列口令。

"全员进入起飞战位！"

"发动引擎！"

"请舰长顶风驶进并把相对速度提高到14米。"

引擎启动了，从排气管喷出青白色的燃气，飞行甲板上一片震耳欲聋的嘈杂声。所有飞机的红蓝灯都已打开，在黑夜里闪闪发光。

一个传令兵报告说："所有飞机准备完毕！"

探照灯光照亮了飞行甲板，亮如白昼。航空官向舰长报称："准备完毕！"

"赤城号"顶风前进，风力计上表明达到要求的速度。舰桥上传出"起飞"的口令，航空官把绿灯向空中挥动一个大圆圈。领头的一架"零"式战斗机沿着飞行甲板疾驰，在"赤城号"舰员的鼓噪声中升入空中。随后，起飞的是另外8架"零"式战斗机，接着是每架携带一枚250千克炸弹的俯冲轰炸机。领飞的机舱敞开着，年轻的领队挥手与欢送者告别。刹那间，该机发出喧声直扑黑色的苍穹。接着，18架俯冲轰炸机相继升空。舰队头上一串红绿灯利索地散开，表示"零"式战斗机已经编成队形。

"赤城号"航空母舰的左舷4000米处的"飞龙号"上也有飞机起在飞。一串微弱的灯光一个接一个从甲板向天空升去。15分钟内，4艘航空母舰上一共起飞108架飞机，其中轰炸机、俯冲轰炸机和战斗机各36架。第1攻击梯队指挥官友长海军上尉直接率领从"苍龙号"和"飞龙号"起飞的36架高空轰炸机。在他的左边是36架从"赤城号"和"加贺号"起飞的99型俯冲轰炸机，领队者是"加贺号"的中队长大泽。"苍龙号"的营波上尉率领36架"零"式战斗机。

这是友长在太平洋战争中的第一次出击，他在"飞龙号"航空母舰出发前刚刚到该舰报到。这位中日战场上的老兵飞行经验丰富，完全有资格指挥这次空袭。大泽则是个出色的领航员，自从珍珠港战役以来，几乎参加了南云部队中的所有战役。南云手下的飞行员都是训练有素的，其中绝大部分富有实战经验。

4 时 45 分，编队完毕的第 1 攻击梯队环绕舰队飞了一大圈，在各舰水兵们的欢呼声中拖着一长串红蓝色航行灯的光点向东南天际飞去。

　　5 时，日军"赤城号"航空母舰飞行甲板上又排满了飞机，以备攻击随时出现的美军特混舰队。每架俯冲轰炸机各携带一枚 250 千克的炸弹，每架水平轰炸机各携带一枚鱼雷。第 2 攻击梯队也有 108 架飞机，其中包括 36 架 99 型俯冲轰炸机，36 架 97 型雷击机和 36 架"零"式战斗机。与此同时，7 架搜索机得到起飞命令，前往搜索正常情况下不会出现的美国舰队。5 架搜索机顺利起飞，但是负责东正面搜索的"利根号"和"筑摩号"巡洋舰上的水上飞机没能按时升空。由于引擎和弹射器出了点故障，延误了 30 分钟，就是这个偶然的小故障成了第一机动部队惨败的致命原因。

日军"赤城号"航空母舰飞行甲板上又排满了飞机

　　事后才知道，"筑摩号"的搜索机刚好错过了美国的特混舰队。如不延误，这架飞机应该刚好从美国舰队上空经过。在"筑摩号"的南面进行搜索的"利根号"飞机返回时才发现美国舰队。假如采用双相搜索，抑或没有延误，肯定会提前发现美国舰队。如此，南云的航空母舰就不会在被动的情况下遭到灭顶之灾。当时除了渊田美津雄一度表示过担忧外，南云部队的其他人并不认为有不妥之处。

◎ 想打，没人陪

　　拂晓时分，担负牵制性攻击任务的日军北方部队第二机动部队到达空袭荷兰港的阵位。按照山本五十六的计划，第二机动部队的 2 艘航空母舰应在南云忠一的第一机动部队攻击中途岛的前一天发起攻击，以便把美军的注意力引向阿留申群岛方面。

　　第二机动部队航空参谋奥宫正武海军少佐站在"龙骧号"轻型航空母舰的甲板上，目不转睛地注视着北极长空。他那因以前飞机出事而留下条条伤疤的脸上，每个部分都显得焦虑不安。当地时间 6 月 3 日 2 时 58 分太阳才会升起，但是由于夏季天长，起飞时间定在 2 时 33 分。这时，天空还是黑沉沉的。"龙骧号"正带领舰队以 22 节的航速沿几乎正北方向乘风破浪向荷兰港挺进。不远处，穿着厚厚皮大衣的舰长加藤唯雄海军大佐正在集合各飞行中队指挥官作最后指示。他们对敌情几乎一无所知，而且也从未在这种寒冷的气候里打过仗。

正在这时，第二机动部队司令官角田觉治海军少将神不知鬼不觉地站在了奥宫的身后，拍着奥宫的肩膀问："进攻可以准时开始吗？"

"长官，非常抱歉，恐怕还得等一会儿。"奥宫客气地大声回答。他看了一下表，离规定的起飞时间只有 5 分钟了。

然而，天还没有亮。

奥宫虽然这么说，不过他希望进攻开始得越早越好，可是飞行员们遇到的麻烦实在太多，他对他们能否发现目标没有十足的把握。飞行员使用的地图太差了，阿留申岛有些地方的海岸线是用虚线画的，表明仅仅是猜想，未被证实。荷兰港的地图是根据 30 多年前的海图画出的，唯一的一张美国人在岛上拍摄的照片也是 30 多年前的。即使是在天气良好的情况下，要飞行员们在散乱的群岛中找出一个连轮廓都不清楚的陌生小岛也不容易，何况在大雾弥漫的情况下。

在奥宫和角田看来，这种等待太漫长了。10 分钟后，日军第二机动部队的其他舰只开始隐约出现，终于可以看清 1000 米外另外一艘航空母舰了。天空仍然黑沉沉的。2 时 33 分，奥宫大声对角田喊道："司令官，现在可以开始了。"角田对信号官下达了命令："各中队起飞！"

飞机从 2 艘航空母舰的飞行甲板上起飞了。从"龙骧号"起飞了 11 架鱼雷轰炸机和 6 架"零"式战斗机，从另外一艘航空母舰上起飞了 12 架俯冲轰炸机和 6 架"零"式战斗机。这不是航空母舰上的所有飞机。"龙骧号"载有 16 架战斗机和 21 架鱼雷轰炸机，另外一艘航空母舰载有 24 架战斗机和 21 架俯冲轰炸机。

云高没超过 200 米，无法编队飞行，只好各自为战。就这样，日本人开始了牵制性进攻。日军空袭荷兰港的飞机刚刚起飞，美军的侦察机就飞抵角田第二机动部队上空。其中一架紧紧追随舰队，并投了几颗炸弹，但都没有命中。

与此同时，由山上正幸海军大尉率领的日军"龙骧号"飞行队冒着恶劣天气巧妙地穿过断云，飞抵荷兰港上空。荷兰港上空没有云雾，也没有发现敌机或舰艇。4日1时7分，虽然地面美军雷达已经发现日机飞来，守备部队的高炮也做好了密集射击的准备。几分钟后，日机对油库、电台及一个陆军兵营进行了狂轰滥炸，战斗机扫射了停在海面上的一架水上飞机。但除了一架战斗机在扫射时被美军炮火击中迫降在荷兰港东北20海里的阿克坦岛南岸外，山上正幸指挥的其余飞机全部返回航空母舰。那架迫降战斗机的飞行员在飞机着陆时颈骨折断。5个星期后，一支美国海军侦察队发现了这架只是表面受损的飞机。

志贺海军大尉率领的另外一艘航空母舰起飞的飞机在飞往目标途中，同一架美军水上飞机遭遇。美军飞机很快被日军护航战斗机击落。他们因此耽误了一些时间，加上气候恶劣，结果没有到达荷兰港袭击任何陆上目标就返航了。日本人的首次攻击没有达到预期效果，可是攻击荷兰港时拍摄的空中照片令人大吃一惊。从照片中看到荷兰港的设施比所想象的要好得多，有现代化仓库、码头、油库和连接得很好的公路网。单从四通八达的公路来看，就足以证明这些设施的战略价值了。

山上正幸率领的"龙骧号"飞行队在从荷兰港返航途中发报称，乌纳拉斯卡岛中部北岸的马库欣湾里停着5艘美军驱逐舰。角田下令全部飞机攻击这5艘驱逐舰。他不但派出了2艘航空母舰的飞行队，还出动了"高雄号"

和"摩耶号"重巡洋舰的水上飞机，共24架飞机飞向目标。由于天气恶劣，大部分飞机中途返航。

执行第2次任务的飞机起飞不久，天气变得更差，甚至有时连邻舰也看不到。飞机无法保持队形，只好分成小股紧挨海面返航。天气极冷，它们在航空母舰上空盘旋和降落时，大部分飞机引擎的声音都不正常，发出乒乒乒乒的爆音。舰上的人们忧心忡忡地看着飞机一架一架地降落。等所有飞机返航后，角田下令继续前进，希望尽可能地向阿留申群岛靠近。

角田对当日的进攻不满意，令人失望的是根本没有美国舰队出来迎战。看来美国人没有上当，这样牵制进攻就失去了意义。日军发动的阿留申群岛海战只能宣告结束。角田下令舰队开始向西南后撤。当夜，驱逐舰加了油，舰队按原定计划驶向阿达克岛，准备对它发动攻击。

日军进攻阿达克岛的消息很快就传到了华盛顿。罗斯福和陆军部长史汀生收到消息后，紧张的心情才稍微有些缓和。日军在阿留申群岛发动的进攻，进一步印证了太平洋舰队情报小组的分析。

◎ 终于发现日本舰队

就在日军第二机动部队对阿留申群岛发起进攻的时候，美国太平洋舰队司令部的主要成员进入各自的岗位，并从截获的情报中知道日军在阿留申群岛发动了攻击。尼米兹的注意力并不在北方，他关注的是西面中途岛方向的消息。几个小时过去了，中途岛方向仍然没有任何消息，第十六和十七特混舰队也没有任何消息。他们与日军接触之前必须保持无线电静默。夏威夷时间上午 10 点多（中途岛时间 9 点多），中途岛方向终于传来了消息。这是转发在中途岛以西 700 海里外的巡逻机的片断电报："主力……方位 262 度，距离 700 海里……"

太平洋舰队通信官柯茨少校拿着这份报告跑到尼米兹的办公室。尼米兹正在同莱顿商量问题。看完电报后，他突然从座位上站起来，激动地说："莱顿，你看到这份报告没有？"

"什么电报，长官？"

"终于发现了日本舰队！"尼米兹顺手把电报递给莱顿。

尼米兹喜形于色，一副轻松的神情："情况已经明了，一切怀疑都打消了。国内的那些人将不得不承认，我们将宝押在中途岛是对的。"

尼米兹突然想到，这份电报会不会使弗莱彻对其中的"主力"二字产生误解，因为特混舰队肯定可以从空中收到这份电报，而在出发前他已告诉弗莱彻，日军航空母舰主力部队将于6月5日清晨出现在岛的西北方向。

尼米兹认为有必要提醒一下，于是他给弗莱彻发报："发现的是敌军攻占中途岛的部队，而不是航空母舰突击部队。南云舰队将于明晨出现在西北方向。"

其实，尼米兹的担心是多余的，弗莱彻根本不关心中途岛西边的日本舰队，他一心一意地准备伏击日军的航空母舰机动部队。此时，第十六和第十七特混舰队正在中途岛以北约200海里的地方隐蔽待命。

海军少尉杰克·里德率先发现了日本舰队。自从他所在的巡逻机中队于5月22日飞抵中途岛以来，他的"PBY-5A卡塔林纳"式飞机就没有休息过，每天巡逻至少12个小时。6月4日，天还没有亮，里德一行就爬起来，吃过早餐即登机向西面偏南一点飞去。

阳光明媚，能见度非常好。里德看了看手表，还不到6点。飞机飞出中途岛几个小时了，已抵达巡逻区的外缘。领航员提醒，再往前飞将进入威克岛日军岸基巡逻机的警戒范围。

"我有种预感，再向外飞10分钟会发现点儿什么。"里德不想白跑一趟，他算了一下油量，再向外飞20—40分钟油料还绰绰有余。10分钟过去了，海面和空中什么也没有发现。里德又向前飞了10分钟，还是一无所获。他想再往外飞也不会发现什么，便开始转弯准备返回中途岛。就在这时，里德发现海平面上出现了几个小点。起初他没有在意，以为是挡风玻璃上的污点，随即猛然醒悟："我的天哪，那不是敌人的舰队吗？我们交上好运了！"

副驾驶抓起望远镜仔细看了看，果然是日军的舰队。几分钟后，里德发出了尼米兹得到的那份电报。

中途岛上的指挥官命令里德提供更精确的报告，以便出动 B-17 型轰炸机发起攻击。里德需要靠近日军舰队，才能看清楚数量和舰种。确认日舰正向正东方向行驶后，里德关闭油门，贴近水面，然后转向正北飞行约 15 分钟后，再转向正西飞了 25 海里，其目的是避开日军的前进正面，从北侧悄悄接近日舰。

里德不能让日本人发现自己，如果这支舰队有战斗机护航，那他这架笨重的 PBY-5A 必死无疑。里德不断改变高度，又向西飞了 25 海里，然后折转向南，绕到日军的背后。他仔细数了数主要舰只，仅大型战舰就有 11 艘，其中有轻型航空母舰、战列舰、巡洋舰、驱逐舰。里德后来回忆："毫不夸大地说，在绕过敌舰队直至在地平线上看不到它们的这段时间里，我们先是紧张害怕，接着兴奋激动，最后兴高采烈。发现敌舰队就够幸运了，竟然还能连续跟踪观察敌舰长达两个半小时而没有被发现，这简直是上帝的恩宠。"

里德驾机飞出日舰可能的防空火力射程后，终于能松一口气了。这时，他才感觉到饥饿袭来，于是匆匆吃了点东西。里德回忆说："每个人肯定都做了祷告，感谢上帝保佑，反正我是做了的。然而，要想安全返回中途岛参加明日战斗，我们还要花费一番工夫。"

其实，里德的报告并不准确，这支日军舰队的数量大大超过 11 艘，但没有战列舰。不过，这又有什么关系呢？珍珠港方面需要的是确认日本舰队来了没有，至于舰只的数量，太平洋舰队司令部相信自己的情报。

就在里德的飞机追踪日军舰队的时候，中途岛上一派忙碌景象。陆军航空兵的 9 架 B-17 轰炸机正在加油，每架飞机挂着 4 颗重磅炸弹。将近 10 时，沃尔特·斯威尼中校率轰炸机中队起飞向西攻击日军舰队。6 月 3 日 11 时 30 分，斯威尼的机群在中途岛以西 600 海里处发现了日军庞大的运输舰队，于是立即展开攻击。刹那间，海面上高射炮齐鸣，为运输舰护航的日军驱逐舰拼命地对空射击。美军 B-17 轰炸机分批从 1 万米以上的高度投下炸弹，炸弹发出尖锐的呼啸。

几分钟后，喧闹停止，双方无一损伤。日军防空火力虽然猛烈，但炮弹都打到轰炸机的旁边。美国陆军飞行员攻击海上目标的准确性实在不敢恭维，重磅炸弹除了把一些水花溅起在日本水兵身上外，一无所获。B-17 轰炸机中队徒劳返回后，中途岛的指挥官又想尝试一下夜间鱼雷攻击。他们挑了一些疲劳程度最轻的人凑成了 4 个 PBY 机组，用这种速度缓慢、弱不禁打的飞机实施夜间攻击似乎有点可笑，但美军仍然想试试。23 时 50 分，美军 PBY 机队在距中途岛 400 多海里的地方发现了目标。

◎ 中途岛遭遇首次轰炸

　　泛着夜光的海面上，日军船队和掩护舰队分成两路纵队大摇大摆地向前行驶。几架美军飞机对大目标展开攻击。日军高射炮的火光把天空映得通红。理查森海军上尉从 30 米的高度瞄准一个黑影投下了鱼雷。飞机拉起时，机中两名乘员报告："听到巨大的爆炸声，看到浓烟冒出。"

　　为了寻找最佳投放鱼雷的位置，戴维斯中尉两次从目标上空飞过，投雷时感觉所有船只都在向他开火。戴维斯的射手用机枪朝目标的甲板扫射，打了 60 多发子弹。结果是飞机机头被打了好几个洞，投弹瞄准具被打坏，机身机翼机尾也中了几处弹片。戴维斯想升到高空看看战果如何，无奈下面日军的火力太猛，他只好飞走了。

　　理查森的鱼雷虽说爆炸了，唯一的战果却属于普罗布斯特海军少尉的飞机。他的鱼雷命中了日军的"曙号"油船，在舷侧开了一个直径 10 米的大洞，并诱发弹药库爆炸，造成船上 23 人死伤。尽管如此，日本人还是成功地控制了伤船。"曙号"除了速度略有降低外，继续跟着编队向东行驶。

这些情况接二连三地报告给旗舰"大和号"，山本五十六和他的幕僚们开始为登陆部队的命运担忧起来。上面搭载着海军防战队和陆军登陆部队的8000名官兵，以及打算在中途岛上建筑机场和防御阵地的大批物资器材。这个庞大的船队缺乏空中掩护，只能凭随行的战斗船只的火炮保护自己。虽说刚才的战斗没有给运输船队造成什么损害，可离目标还有400多海里，一天多路程，没人敢保证这期间船队不会遭到美军岸基飞机的攻击。

山本下令运输船队在南云忠一部队攻击中途岛的前一天驶入岛上美军飞机的攻击圈无疑具有很大风险。然而，他认为这样做有以下好处：（1）能把中途岛上美军航空兵的注意力引向西面，有利于南云部队从西北面发起突袭；（2）如果让舰队在700海里以外的安全地带待命，等南云部队歼灭了岛上的航空力量后，再向中途岛开进固然可以规避风险，却不能及时攻占该岛，两者在衔接上会出现至少两天的断档。运输船队虽然在6月4日全天暴露在美军飞机的威力圈内，但只要熬过6月4日，中途岛就会遭到南云部队的猛烈打击。到那时，船队可以利用南云部队一整天的攻击，迅速靠近中途岛，完成登陆任务。也就是说，船队所面临的威胁只有6月4日这一天。

在日军运输船队遭受美军攻击的时候，山本五十六所在的"大和号"战列舰前方400海里正是南云忠一的部队。他们正在以24节的速度驶向东南方的中途岛，舰队呈环行向前推进：中央是4艘航空母舰，周围是"榛名号"和"雾岛号"高速战列舰及"利根号"和"筑摩号"重型巡洋舰，还有"长良号"轻型巡洋舰和12艘驱逐舰。

6月4日6时30分，中途岛美军营指挥官通知所属部队："目标一旦进入射程之内就立即开火。"晴朗的天气对于高炮射击来说是最佳的时机。沙岛和东岛上的沙袋工事及沙筑的炮兵掩体为炮兵提供了良好的防护。不在高射炮炮位及其他自动火器岗位上的人都挤在防空掩体、狭长堑壕及类似的工事里。中途岛上湖中的鱼雷艇也已出动,艇上的机枪甚至步枪和手枪都进入了戒备状态。

营指挥所的战斗警报发出凄厉的呼啸声,扩音器中大吼大叫:"全体人员进入战斗岗位,飞行员立即登机!"东岛简易机场的跑道上,飞机一架接一架地滑行。岛上的海军和陆军人员早就接到命令:凡是能飞的一律飞往空中,凡是能藏的一律钻入地下。最容易被击落的 PBY 巡逻机飞出环礁湖,飞往岛东面的安全地区隐藏起来。海军的 6 架 TBF 鱼雷攻击机和陆军航空兵的 4 架 B-17 双引擎远程轰炸机作为第 1 攻击梯队直扑西北。第 2 攻击梯队由海军陆战队的 16 架俯冲轰炸机和 14 架陆军的 B-17 轰炸机组成。第 3 攻击梯队是海军陆战队的 11 架鱼雷轰炸机,它们并非迎战来袭的日本飞机,而是径直飞往远处的日军航空母舰舰队。27 架"野猫""水牛"战斗机最后起飞,一直爬升到 3600 米的高空,准备对日军机群发起俯冲。

距中途岛不到 30 海里,尾随日军机群的美军上尉蔡斯突然爬升到日机上空,向早已在空中等待战斗机指示的日机的位置投下了一颗空降照明弹。随后,27 架美军战斗机立即向下俯冲,直扑日军轰炸机编队。从 3 时 45 分到 4 时 10 分,美日双方在距中途岛不远的空中展开了一场激烈的空战,交战中日本"零"式战斗机显示了它的优越性。"苍龙号"的营波海军大尉指挥的 36 架"零"式机迎着美军战斗机冲了上去,紧紧咬住美军的战斗机,使之无法攻击自己的轰炸机群。

美军战机一架一架被日军的"零"式战斗机击落。中途岛上的美军指挥官通过双筒望远镜沮丧地看到"水牛"式和"野猫"式战斗机被日军像拍苍蝇一样拍下来。不到 30 分钟，即有 17 架被击落，受伤返回的其他几架仅有 2 架可以再次起飞。日军的"零"式战斗机只损失了 2 架。

营波和他的 36 架"零"式战斗机创造了奇迹，由于他的战斗机群的有力掩护，友永丈市的轰炸机编队未遭到一弹射击，全部抵达目标上空。没有美军战斗机的阻碍，友永率领 36 架水平轰炸机从 3500 米高空用 800 千克的炸弹轰炸了中途岛东面美军机场的跑道、机库及其他地面设施。

小川海军大尉指挥 36 架俯冲轰炸机穿过高射炮猛烈的火网，超低空投下了携带的全部炸弹。一位侥幸生还的美军士兵后来回忆："瞬间，领队日机离开机群……它俯冲到离地面大约 30 米处，突然翻转机身，仰面朝天，慢悠悠地从停机坪上方飞过，屁股下面扔下了几颗足有 800 千克重的炸弹。"

日军倾泻在东岛上的炸弹全部落在 2 号跑道上，有一颗炸弹落在靠近 1 号跑道的中央，跑道被炸出一个大坑。还有一颗炸弹正好落在弹药补给坑内，引爆了 8 颗 100 磅重的炸弹以及数不清的子弹，4 名维修人员当场丧命。更可怕的是，一架俯冲轰炸机向美军飞机库投下炸弹，引爆了机库内的一些炸药，整个机库被炸上了天。

6 时 38 分，日军一架俯冲轰炸机炸毁了中途岛的发电站，岛上的供电和一个蒸馏水厂陷于瘫痪。另外，日军水平轰炸机还炸毁了码头区和主要储油区间的输油管道，破坏非常严重。海军陆战队的厨房也未能幸免，锅碗瓢盆一齐飞上了天，食品全都成了粉末。战斗结束后，美军陆战队员们只好吃紧急配给的食品。随军商店无法营业，啤酒、罐头被炸得四下横飞。一只罐头砸在一名机枪手的太阳穴上，竟然把他砸昏了。日军的炸弹还把装着香烟的纸箱炸开了，烟盒都震散了。

日军轰炸的重点目标是沙岛。岛上3个贮油罐被彻底炸毁，油罐里的油整整烧了两天。滚滚浓烟飘扬在整个岛上，连高射炮的火力发挥也因浓烟弥漫而受到影响。海军陆战队驻地的一条从海里抽水的管道被一颗炸弹炸断。一个水上飞机机库被炸毁起火。其他建筑物，有的被炸，有的因炸弹落在附近，有的因弹片，也有的因气浪冲击，遭到不同程度的破坏。屋顶上竖着巨大红十字的海军诊疗所被两颗炸弹及爆炸后燃起的大火夷为平地。海军洗衣房也中了一颗炸弹，被炸塌一部分，衣物全部化为灰烬。紧跟在轰炸机后面蜂拥而至的是战斗机，它们向发现的目标扫射。负责掩护的"零"式战斗机更加疯狂，在烟雾中看到什么打什么。

中途岛美国守军的90毫米、40毫米和20毫米高射炮响成一片，几艘鱼雷艇上的机关炮也吐着愤怒的火舌。在硝烟中穿行的日军飞机，接连中弹，纷纷坠海。日军一个俯冲轰炸机中队长将800千克巨型炸弹投下后，俯冲翻转，在15米高度呼啸而过，向美军的高炮阵扫射了一排机枪弹，更气人的是他还打了个嘲弄的手势，目空一切地朝美军炮手飞去。然而，这个狂妄的家伙高兴得太早了，他的飞机很快就变成了一条火龙，在海面炸起巨大的水柱，之后便消失得无影无踪。

6时43分，日本第一航空舰队司令南云忠一收到轰炸机编队队长友永丈市的电报："任务完成，正在返航。"日军此次空袭历时30分钟，美军伤亡30多人。地面一些设施被炸，数个飞机库燃起大火。24架战斗机被击落15架，重创7架。美军的高射炮击落了10架日机。岛上的储油罐烈焰翻腾，就像巨大的火把。其实，由于美军预先有所准备，中途岛上受损情况并不是特别严重，地面上大约有 20 人死亡，跑道受到轻微破坏。空袭后检查发现，遭破坏的设施大多数都能修好。几天后，中途岛驻军全体出动，努力恢复供电，修复供水管道和下水管道，扑灭零星小火，清除瓦砾废墟。

友永清楚地知道这一切，他显然对第 1 梯队的轰炸效果不太满意。日军没有遇上美军的轰炸机或巡逻机，这些才是他的重要目标。从飞机上看，地面上的机场跑道完好无损。此外，中途岛上的高射炮一直在对空射击。种种迹象表明，第 1 波轰炸没有取得理想的效果。友永率队返航，由于他的发报机被打坏了，只得向身边的另一架飞机举起一块小黑板，上面潦草地写着："应该发动第 2 次攻击。"那位驾驶员点点头表示明白。

第五章　山本遇上了大麻烦

　　看到电文，像看到一个怪物，山本和他的幕僚个个目瞪口呆。山本没有指望这场大规模海战之后舰队还能完好无损。损失 1 艘航空母舰，他完全可以泰然处之；损失 2 艘，虽说折损严重，还可以忍受；如今刚开打就有 3 艘受伤，这时的山本就有点不那么淡定了。

◎ 航母战，刚刚开始

日军战机对中途岛狂轰滥炸的时候，美军第 1 波攻击机群 6 架 TBF 鱼雷轰炸机和 4 架 B-26 远程轰炸机从中途岛起飞。10 分钟后，6 架 TBF 鱼雷轰炸机贴着水面飞了过来。

6 月 4 日 7 时，斯普鲁恩斯推测他的第十六特混舰队距日军南云舰队大约还有 150 海里，而且他预计袭击中途岛的日机这时候即将返回航空母舰加油装弹。他认为攻击的良机到了，于是下令舰载机起飞。一阵震耳欲聋的飞机发动机轰鸣声后，35 架轰炸机和 15 架鱼雷轰炸机离开"大黄蜂号"航空母舰，在 10 架战斗机的掩护下，从两种不同的高度向南云舰队所在的位置飞去。"企业号"航空母舰的 33 架俯冲轰炸机和 14 架鱼雷轰炸机紧随其后，在 10 架战斗机的掩护下，一前一后向目标飞去。这样，第十六特混舰队的 2 艘航空母舰共起飞 117 架飞机，分为 4 个机群直扑预定目标。

弗莱彻率领的第十七特混舰队将派出搜索的飞机全部收回后，立即掉头向西南方向疾进，追赶斯普鲁恩斯的第十六特混舰队。弗莱彻在追赶斯普鲁恩斯时，知道"大黄蜂号"和"企业号"上的117架飞机已经升空。他想，根据敌情通报得知，袭击中途岛的日本航空母舰有四五艘，到目前为止才发现2艘，所以不能投入全部兵力，否则一旦发生意外将无法应对。他决定将"约克城"舰上的飞机留下一半，以对付尚未发现的航空母舰。这样一来，斯普鲁恩斯就抢占了进攻的先机，而且是在南云部队回收飞机并忙于给飞机加油、装弹的最有利的时候。

由于天空浓云密布，美军派出的第1批攻击机中，沃尔德伦少校率领的15架鱼雷轰炸机很快就与斯坦厄普·林海军中校率领的34架俯冲轰炸机失去了联系。与鱼雷轰炸机失去联系的林中校继续向西飞去，到达预定的截击点时，却没有发现南云舰队。其实距离目标并不远，可是林沿错误的方向飞行了50海里，结果反而离中途岛近，而离南云舰更远了。这时，油量已经不多了，慌乱中俯冲轰炸机群开始分散飞行，各自按自己的判断寻找降落地点。其中20架跟着林中校返回了"大黄蜂号"，另外13架迫降在中途岛。事后，林的行动引起了众多责备，他本人也受到军事法庭的审问。"大黄蜂号"起飞的10架战斗机也没能参加战斗，它们因油料耗尽全部迫降海上，未经战斗就损失了自己的飞机。

美军第2批鱼雷轰炸机赶到了目标上空。这是最晚起飞的"约克城号"上的飞机，它们来得正是时候。与前两批"大黄蜂号"和"企业号"的鱼雷轰炸机不同，"约克城号"的12架鱼雷轰炸机由6架战斗机掩护。

与此同时，南云忠一收到了轰炸机编队指挥官友永建议第2次空袭中途岛的电报，正在踌躇之际，舰上突然响起了空袭警报。7时1分，美军飞行员科林斯和费伯林驾机同时到达目标上空。日本人也发现了美军机群。7时5分，"赤城号"搜索机最先报告："敌机9架，方位150度，距离2.5万米……"随后，这艘庞大的舰艇以战斗速度迎着这些飞机驶去，尽量避免暴露两侧。

7时8分，日军"赤城号"和"利根号"航空母舰开始对空射击。1分钟后，10架"零"式战斗机腾空而起，迎战美机。此时，美军飞机编队已经乱了阵形，各自为战。为防止因液压装置失灵而无法投雷，飞行员把弹舱门全部打开，这样飞行速度就受了影响。日机蜂拥而至，而这些没有战斗机掩护的美军鱼雷轰炸机不要命地穿过火网直扑"赤城号"。3架"零"式战斗机只能朝着射向自己的高射炮火迎上去。几秒钟后，机腹射手兼报务员、三等航空兵费里尔感到炮塔里无声无息。他回头一看，只见炮手曼宁已经扑在机枪上失去了知觉。

又有一架"零"式战斗机俯冲下来，一阵扫射把飞机的液压系统打烂了，还打伤了费里尔的手腕。另一架"零"式战斗机射出的一颗子弹穿透了费里尔的帽子，他当即昏死过去。这样一来，机上就只剩下欧内斯特一个人了，只好一人担任驾驶员和机组乘员两个角色。

正当欧内斯特驾驶飞机准备自救的时候，他的飞机再次中弹，升降舵突然失灵。由于脖子中弹，他几乎失去了自控能力。不过，伤势不重，脖子负伤像头部其他部位负伤一样，血直往外冒。他感到一股热乎乎的东西顺着脖子往下淌。升降舵失灵，一名机枪手死亡，另一名昏迷不醒、血流如注。

欧内斯特知道已不可能攻击日军的航空母舰了。他朝左侧一艘巡洋舰飞去，投下仅有的一枚鱼雷，然后拼命拉起机头，想尽快逃离这个死亡之地。欧内斯特左躲右闪，从日舰上空飞过。此刻，日舰处于他和中途岛之间，他祈求上帝保佑自己返回中途岛。这时，飞机的座机电器系统全部失灵，液压系统被击毁，弹舱门关不上，尾部的罗盘不知读数是多少，空速计和油压表也坏了。飞机上还能运转的除发动机外只有欧内斯特了。他驾驶座机摇摇晃晃地先向南飞，而后再折向东。欧内斯特穿出云层，发现下方是库雷岛，终于知道了自己的方位。就在这个时候，昏死过去的费里尔恢复了知觉，爬回自己的位置。他们全然不理会地面上让他们离开的信号，在中途岛着陆。飞机在地上打了个转，戛然停住。美军派往中途岛的鱼雷轰炸机分队中，在这次攻击后生还的只有欧内斯特和费里尔两个人。

科林斯率领轰炸机编队直扑南云的航空母舰舰队。他们不理会巡洋舰，直奔旗舰"赤城号"的左舷，而后一个急转直向右舷，这样做是为了避开舰上的对空火力。所有日舰都在对空射击，6架"零"式战斗机从200米高处向美军机群俯冲而来。科林斯俯冲到60米，日机的大部分子弹从他上方掠过。然而，紧紧跟随科林斯的其他2架飞机则没有他这么幸运，很快中弹起火，一头坠入海中。

"赤城号"使出浑身解数，一个左满舵，又一个右满舵，仍然没有躲开科林斯的攻击范围。科林斯认为只要鱼雷方位准确就能击中"赤城号"。科林斯在730米的高处投下鱼雷，他亲眼看见一枚鱼雷冲向目标。"赤城号"拼命躲闪，鱼雷从侧舷划水而过。一枚鱼雷劈波斩浪向右舷冲来，另外两枚鱼雷落在左舷。其中一枚从"赤城号"尾侧飞驶而过，另一枚自行爆炸。

"赤城号"上第2波鱼雷轰炸机的飞行员聚集在甲板上兴致勃勃地观战。舰上所有高炮在对空射击，可是不时还有飞机呼啸着冲过来。人们不断发出惊呼："要撞到舰桥上了！"然而，每次都在离舰桥仅几米的地方被炮火击中，骤然下跌，一头栽进海里。"赤城号"上的日军手舞足蹈，有人还说着俏皮话。

◎ 旗舰，乐极生悲

　　7时10分，"苍龙号"舰长藤田打算抓紧时间吃口饭，从早上到现在，连续作战的他还没有吃过一点东西。凄厉的警报声中，连机舱也未出的藤田塞了一口饭，就与其他2架"零"式战斗机起飞迎战了。它们是"苍龙号"上仅有的能立即起飞的3架战斗机。藤田升空后马上遭到美国战斗机的阻击，但他不顾美军战斗机的火力，径直扑向鱼雷轰炸机队，并击落其中2架。当他再度准备攻击时，又有不少"零"式机参加围歼。藤田的飞机不幸被己方的高炮火力击中起火。由于距离海面太近，降落伞在他落入水中的瞬间打开。降落伞像鱼网一样把藤田罩在水中，挣扎了许久才捡了一条命。

　　藤田落水后，约20架"零"式战斗机怒吼着集中攻击美军的鱼雷轰炸机。中队长梅西少校的长机顿时成为众矢之的，虽说梅西是美国海军里最有作战经验的鱼雷轰炸机驾驶员之一，但也架不住众多"零"式战斗机的猛烈进攻。他还没有飞越日军驱逐舰组成的外围防线就遇难了。僚机驾驶员最后看见他时，他已经从烈焰升起的座舱爬到了残破的机翼上，身上的火苗被空中的疾风吹成了一个火把。另有 6 架鱼雷轰炸机同梅西一样，尚未到达投掷鱼雷的有效距离就被击落了。

最后，只有 5 架鱼雷轰炸机接近了目标。分队长威廉·埃斯德斯一马当先，向"赤城号"猛冲过去。"赤城号"上的官兵们在等着看鱼雷爆炸溅起的水柱。然而，埃斯德斯和他的分队没有投雷，他们在最后时刻撇开"赤城号"，贴着舰桥呼啸而过。南云和身边的幕僚们下意识地缩了缩脖子，随即转过目光追寻鱼雷轰炸机。原来埃斯德斯鱼雷轰炸机分队的攻击目标是"飞龙号"航空母舰。低飞的鱼雷轰炸机晃动一下，5 颗鱼雷在海面上激起 5 朵浪花，拖着白色的航迹冲向"飞龙号"。

"飞龙号"舰长加来止男发出一连串口令，庞大的航空母舰猛向右舷急转，让过了舰艏的 3 颗鱼雷。另外 2 颗鱼雷划破海面，从距舰艉很近的地方疾驶而过。投下鱼雷后，5 架鱼雷轰炸机拼命爬高，想逃离死地，但只有 2 架摆脱了"零"式战斗机的追逐，其中埃斯德斯的飞机已经看见了"约克城号"，可最终还是未能返回。

因肺炎发烧的航空参谋源田实从凌晨到现在一直坚持站在"赤城号"的舰桥上，为南云出谋划策。作为偷袭珍珠港计划的制订者和参战者，他把先发制人的进攻原则视为航空母舰作战中制胜的法则。可几个小时的战场形势，让源田对防御性的空战产生了信心。

"看来，我对机动部队能否顶住空中袭击的担心是没有必要的，现在我看到的是它巨大的威力。"源田喜不自禁地对草鹿说，"我们最好先摧毁敌人的空中力量，再收拾其航空母舰。扫荡了敌海上兵力后，从今天午夜起到明天上午再对中途岛发起毁灭性的打击。"

7时20分，日军与美国最后一批舰载鱼雷轰炸机的空战结束了。整个防空作战中，南云的4艘航空母舰一刻也没有停止反击。一架架飞机在下层机库甲板上完成了弹药换装，并迅速提升到上层飞行甲板，排好起飞队形。南云看到各舰的反击准备基本就绪，于是发出号令："准备起飞！"

南云庞大的航空母舰转向逆风，攻击队的102架飞机开始起飞。机群喷出的强大气流吹得站在旁边的官兵们站立不稳，机舱里的飞行员作出胜利的手势，微笑着向舰上的人们告别。

7时24分，"赤城号"舰桥的扩音器中传出起飞命令。担任护航任务的第1架"零"式战斗机轰鸣着飞离甲板。5分钟后，攻击机群的全部飞机飞向空中。

"俯冲轰炸机！"瞭望哨兵的惊呼竟然压过了甲板上机群的巨大吼声。正在欣赏攻击机群展翅起飞的渊田美津雄猛然抬头，只见3架黑色轰炸机的身影急剧变大，几乎是垂直俯冲下来，凄厉的尖啸声像铁片划破玻璃似的撕裂着人们的神经。

"炸弹！"许多黑色的圆柱体从机翼下摇晃着落下来，渊田无意识地卧倒在指挥所的防弹护板后面。巨大的爆炸声紧跟着耀眼的闪光冲击着人们的耳目。渊田被炽热的气浪掀了个跟头，脑袋"嗡嗡"作响。"赤城号"上的高射炮顿时哑了，全舰死一般寂静。几秒钟后，下层机库发出几声沉闷的响声，那是刚刚换下、还来不及收进弹药库的炸弹在连锁爆炸。

渊田爬起来望向天空，俯冲轰炸机的黑影已经消失了，再看看四周，不禁毛骨悚然。"赤城号"中部升降机后面裂开了一个大洞，升降机像块烧焦的煎饼，卷曲着塌进机库。刚才还阵容严整的机群面目全非，有的尾部翘向空中，机体里吐出青蓝色的火舌；有的机体分裂，被烧炸的子弹四下横飞。即便有几架完好的飞机也成了没用的废物，因为甲板已经成了奇形怪状的东西。大火发出"呼呼"的声音，士兵们在大火中奔跑呼叫，火焰迅速烧向舰桥。

"赤城号"航空母舰上的炸弹、鱼雷连续爆炸，飞行甲板上惨不忍睹，救火人员在炽热的气浪面前束手无策。剧烈燃烧的火球将机库变成了一座呼呼燃烧的大火炉，大火将舰体完全包围。瞬间的变化令南云惊得目瞪口呆，半天才缓过神来。他在火焰中暴叫不止："镇静，镇静，继续战斗，坚持战斗！"

"完了，'赤城号'完了！"渊田呆若木鸡，泪水滚滚而下。给南云带来灾难的是"企业号"的俯冲轰炸机队，带队的是克拉伦斯·麦克拉斯基少校。他除了指挥自己的中队外，还指挥加拉赫上尉和贝斯特上尉的两个中队，一共有 33 架轰炸机。麦克拉斯基的机群最先出发，却是最后到达战场。4 时 45 分离开舰队后，麦克拉斯基在 6000 米高空飞了 1 个小时 35 分钟。6 时 20 分，他们到达了预定截击地点。向下望去，只看到浩瀚无垠的大海，根本看不到日本舰队的影子。

◎ 糊里糊涂引火烧身

原来，南云舰队自从决心进攻突然出现的美国舰队后，为了避免东南面中途岛上飞机的攻击，已经转向北面行驶。麦克拉斯基并不知道南云改变了方位，一时面临向哪个方向搜寻的重大抉择。一旦判断失误，他的机群将会白跑一趟，因为他们的飞机已经消耗了大量燃油，所剩燃油只能再维持 15 分钟的搜索，到时再不返航就只能在海上迫降。

时间紧迫，麦克拉斯基迅速扫了一眼标图板，决心背对中途岛，向西北方向搜索。事后，太平洋舰队司令尼米兹称赞这个决定是"这次战役中最重要的决定，产生了决定性的效果"。

麦克拉斯基向西北飞了大约 7 分钟，仍然什么都没有发现，开始怀疑自己判断有误。就在这时，下面波光粼粼的蓝色海面上突然出现了一道长长的白色航迹。麦克拉斯基抓起望远镜，顺着这条航迹向前观察，果然有一艘向北疾驶的军舰。

这个糊里糊涂当了美军"向导"的舰艇正是南云舰队的"岚号"驱逐舰。它为了对付一艘美国潜艇而掉了队，此刻正急匆匆追赶大部队。"岚号"驱逐舰做梦也没想到承担保护航空母舰职责的自己竟然引狼入室，成了美军轰炸机的导航舰。

麦克拉斯基想得不错，既然下面这艘驱逐舰如此行色匆匆，一定是在赶大部队。鉴于此，麦克拉斯基决定把航向由西北改为正北，还晃了晃机翼，招呼机群尾随前面的军舰。此时正是 7 时，也就是最后一批鱼雷轰炸机向南云的航空母舰发起攻击的时刻。机群在高空悄悄跟踪，下面的驱逐舰毫无觉察。关键时刻，有几架轰炸机的油表开始闪烁出红色的亮光，警告飞行员燃油告急。2 架轰炸机只好掉头向南飞去，其中一架失踪，另一架机组人员 3 天后才被中途岛的巡逻机从海上救起。

麦克拉斯基透过云层空隙看到了海上的航空母舰编队。机群开始降低高度，很快就降到 4500 米左右，这正是第十六特混舰队司令斯普鲁恩斯想方设法捕捉的最佳战机：日军航空母舰的飞行甲板上排满了等待起飞的飞机，大多数"零"式战斗机正在或已经返回航空母舰加油，空中仅有为数不多的几架"零"式战斗机，而且还是低空飞翔。

这种良机之所以能出现，完全得归功于美军鱼雷轰炸机驾驶员的自我牺牲。正是由于他们接二连三地奋勇攻击，才使得南云舰队整个上午都在疲于奔命，迟迟不能把他们强大的攻击机队撤出去。现在它们全部停留在甲板上，一旦攻击成功，它们将与其载体——航空母舰一起毁灭。

麦克拉斯基尤其要感谢来自"约克城号"的鱼雷轰炸机的最后一次攻击。就在麦克拉斯基飞临战场上空的时候，梅西的鱼雷轰炸机队已把令人生畏的

"零"式战斗机引向低空，从而使麦克拉斯基的俯冲轰炸机能够毫无遮拦地向航空母舰倾泻重磅炸弹。此外，麦克拉斯基值得庆幸的是，至今日军尚未来得及将雷达用于实战。如果日本人像美军一样装备了雷达，他们就不会仅凭瞭望哨的眼睛来搜寻辽阔的海面，雷达会使他们早早地发现云层上悄悄逼近的美国飞机。那样的话，麦克拉斯基的机群一定会成为"零"式战斗机的猎物。

麦克拉斯基拉下脸上的氧气罩，第一次打破无线电静默，下令各中队选择目标发起攻击。处于最下方的贝斯特中队刚刚开始俯冲，却发现麦克拉斯基已像一支利箭一样，从他们身边射了下去。贝斯特率领的 5 架俯冲轰炸机命中了"赤城号"。他们在 762 米高度投下了重达 450 千克的重磅炸弹，其中直接命中 2 颗，"赤城号"顿时烈焰沸腾。

此时，正在甲板上观战的参谋源田实迅速躲进隐蔽物后，一声特大的爆炸响起，同时传来舰身炸裂的声音。一阵阵巨响后恢复了寂静，美军轰炸机已经不见踪影。"赤城号"甲板中部升降机近侧被炸开一个大窟窿，升降机倒在飞机库附近。舰身后部中弹，舰艉部分甲板隆起，一架"零"式战斗机在熊熊燃烧。地勤人员伤亡最为惨重，他们的肢体断裂，胳膊、腿、内脏等乱七八糟地横列在甲板四处。刚才还在紧张工作的人们，现在却变成大小不一的零碎肉块。

沉寂片刻后，飞行甲板上停放着的已经发动引擎的机群突然起火，很快烧成一片火海。飞机上的燃料、鱼雷、炸弹遇火顿时发出巨大的爆炸声。一架架飞机在自燃爆炸声中化为碎渣，引燃甲板上流淌着的汽油。火势由甲板向舰桥延伸。致命的是甲板下面机库的大爆炸，机库内放有 0.3 秒信管的几百千克炸弹。随着被引爆后的巨大轰响，"赤城号"舰身断裂，开始下沉。

机库在爆炸，飞机在爆炸，鱼雷和炸弹一个接一个地在爆炸。每发出一次巨响，"赤城号"舰体就剧烈地晃动一下。侥幸活下来的"赤城号"参谋长草鹿龙之介在《联合舰队》一书中记述了他当时的心情："我乘的'赤城号'陷入在黑烟和火焰之中，'加贺号'和'苍龙号'同样在喷着黑烟。那个时候，我想我已到了生命的尽头。我有什么脸面去见祖国的山河和7000万国民？这一想法瞬间掠过我的脑际。"

真实的情况是，美军轰炸机投下的3颗炸弹中有2颗命中。当位于"赤城号"航空母舰附近的"筑摩号"和"利根号"察觉到的时候为时已晚，只能眼睁睁地看着悲剧上演。美机投下的第1颗炸弹擦着"赤城号"左舷前部，在距离舰体2米的地方落入海里爆炸，飞落而下时切断了"赤城号"的无线电天线。爆炸掀起的巨大水柱，高过舰桥两倍，直扑舰上人群，舰身剧烈摇动。第2颗炸弹命中位于舰体中部的升降机位置，弹头笔直贯穿甲板，在飞机库内爆炸。第3颗炸弹命中舰艉，彻底摧毁了正要升空作战的机群，炸毁了舰舵。

"赤城号"上瞬间突发的灾难使惊慌失措的水兵们不知采取什么自救措施。他们从各自岗位上逃离出来，拥入底仓避难。底仓通风孔灌入的浓烟又逼着他们往外钻，楼梯踏板和扶手的钢板、钢管被烈火烧得通红，身体一挨上就焦。纷乱中，许多水兵窒息而死。

◎ 机会只有一次

7时30分，日军"利根号"航空母舰上的搜索机飞行员在空中执行搜索任务时，突然发现左前方有一群军舰犁开海水，拖着白色的航迹驶往东南方向。他来不及抵近详细观察，就马上向旗舰"赤城号"航母做出如下汇报："发现10艘军舰，好像是敌军。方位10度，距离中途岛240海里，航向150度，航速20节以上，时间7时28分。"

这份电报犹如晴天霹雳，震撼着"赤城号"舰桥上的南云忠一和他身旁的军官。南云心头一紧，不由自主地打了个冷战。没有人想到美军的水面舰队会出现得这么快，更没有想到美国人在附近设伏。舰队参谋长草鹿龙之介暗自思忖："他们原来在那儿！"战后，源田实回忆："南云将军和其他参谋都觉得我们上了当，放松了警惕，同时也不知道怎样来面对当时的局势。"

情报参谋小野立在海图上标明了美舰的位置，美舰恰好离南云舰队200

海里。这就是说，它们处于日方飞机的攻击范围。如果美军舰队中有航空母舰，日军同样会处于美军飞机的攻击范围。南云急待判明美军舰队的组成。他认为，若没有航空母舰，对日军则不会构成威胁，它们完全处于日本舰载机的攻击范围，可以暂时让其自由自在地游弋，等到第2攻击梯队完成轰炸中途岛的任务后，再回来收拾它也不迟。

这封电报将沉浸在美好梦境中的山本惊醒。"大和号"旗舰舰桥上的人们听到消息后显得都很紧张，山本更是一言不发。10分钟后又一个补充报告说，在美军舰队里有一艘航空母舰。"大和号"舰桥上的人们兴奋得不得了。首席参谋黑岛龟人问："南云不是要求准备好第2攻击波，可能攻击敌水面部队吗？"

航空参谋佐佐木自信地回答："是的，第2攻击波很快就能干掉它们。"

三和作战参谋插话："第2攻击波不是已经出发空袭中途岛了吗？"

不久前，大家还在期待南云派出第2攻击波空袭中途岛，以歼灭美军岸基航空兵。此时的佐佐木显得手忙脚乱，他急忙打电话问无线电室，有没有第2攻击波已经飞往中途岛的消息。得到的答复是没有消息，大家这才松了口气，认为美军航空母舰肯定会被南云的舰载飞机炸毁，以为过不了多久就可以收到南云的捷报。

7时47分，南云给"利根号"搜索机发去一封急电："搞清楚敌舰型，并保持接触。"

此刻，日军"赤城号"和"加贺号"的鱼雷轰炸机换装炸弹的工作已完成大半。作业队卸下鱼雷、装上炸弹后，飞机重新被起吊到飞行甲板上。"赤城号"和"加贺号"航母的飞行甲板上已停放了10—15架准备攻击中途岛的轰炸机。在紧急情况下炸弹也可以用来攻击美军舰船，但命中率和破坏力远不及鱼雷。如今情况有所变化，这就迫切需要做好准备，以便在"利根号"的搜索机进一步证实附近的美军舰队确是对于南云部队构成真正的威胁时，可以应付自如。鉴于此，南云于7时45分急令"赤城号"和"加贺号"航母的鱼雷轰炸机立即停止换装工作，并命令整个舰队做好准备，应对美军可能出现的攻击。

日军"利根号"航母的搜索机发现的目标正是早就待命的美国第十六和第十七特混舰队。那时，美国航空母舰上的飞机已经起飞。美国两支特混舰队不到4时就抵达该地点，第十六特混舰队在前，第十七特混舰队在后，相距约10海里向前疾驶。虽说第十七特混舰队司令弗莱彻和第十六特混舰队司令斯普鲁恩斯早已知道南云舰队就在西面，但是否马上展开攻击，他们还在犹豫。这个决心必须由斯普鲁恩斯来下，因为弗莱彻已经下令把自己所在的"约克城号"航空母舰上的飞机留作预备队。理由是迄今为止只证实了日军的2艘航空母舰，而情报说是有4艘。这样一来，斯普鲁恩斯的"企业号"和"大黄蜂号"航空母舰的飞机就承担起第1波攻击任务。

斯普鲁恩斯原计划再向目标靠近一些，6时发起攻击，那时离目标就不到100海里了。他手下的各种飞机，包括航程最短的鱼雷轰炸机都可以有充足的油料返回航空母舰。然而，在这2个小时与敌接触中，会不会被日军发现，会不会遭到日机的攻击，斯普鲁恩斯没有把握。即刻起飞攻击虽然能飞抵日本舰队，但那些速度慢、航程短的鱼雷轰炸机肯定无法返回。也可以不让30架鱼雷轰炸机参加第1波攻击，不过这违反了斯普鲁恩斯历来主张的要攻击就全力以赴的原则，特别是在敌我力量相差悬殊的时候，美国舰队取胜的唯一可能就是集中所有力量突然袭击。若第1次攻击因力量不足未达目的，那么第2次攻击成功的可能性会非常小，一旦日军发起反击，有可能会全军覆没。机会只有一次，这是航空母舰的作战特点。

美军第十六特混舰队参谋长、航空专家布朗宁上校力主马上起飞。他认为，日军攻击飞机正在空袭中途岛，根据其速度和距离，6时左右能返回航空母舰，在此之前日舰肯定不会改变航向（否则返回飞机找不到航空母舰）。布朗宁的准确推断对美军的胜利起了重大作用，于是他以命令的口吻说："我主张，争取在敌航空母舰回收飞机时发起攻击，这样就必须马上派出飞机。"

斯普鲁恩斯决定冒牺牲少数的风险，以保全多数，把握住先发制人的绝佳时机。他下令"企业号"和"大黄蜂号"航母上的战机于4时出发攻击南云舰队。美军起飞116架飞机，其中包括20架战斗机、67架俯冲轰炸机和29架鱼雷轰炸机。除了必须留下保护舰队的34架战斗机外，斯普鲁恩斯把所有104架轰炸机中的96架全部撒了出去，剩下的8架轰炸机要么有毛病，要么负责执行侦察任务。

斯普鲁恩斯站在"企业号"航母的舰桥上，注视着飞行甲板上的活动。一半飞机还没有升空，另一半在空中兜圈子等待。难怪日本飞行员瞧不起美国同行，116架美国飞机在大白天升空竟然花了近一个小时。几个小时前，南云轰炸中途岛的第1攻击梯队108架飞机完成同样的动作，仅用了15分钟，而且还是在拂晓前的黑暗中借助灯光完成的。

慢吞吞的起飞令斯普鲁恩斯忍无可忍。就在这个时候，"企业号"收到附近空中日本搜索机驾驶员发出的紧急电报，内容虽不明白，但那个日军飞行员肯定是在报告美国舰队的位置。

不能再拖延了。

斯普鲁恩斯急令空中的飞机立即出发，不必等待其他正在起飞的飞机。

◎ 日本人首尾难顾

日本搜索机的出现使紧随其后的弗莱彻改变了当初的计划，尽管另外 2 艘日军航空母舰的情况还没有查明，但亲身经历了珊瑚海首次航空母舰对阵的弗莱彻明白抢占先机有多么重要。他决定"约克城号"的半数飞机马上起飞，仅留一半作为预备队。"约克城号"上的 17 架俯冲轰炸机、12 架鱼雷轰炸机和 6 架战斗机于 5 时 38 分向西面飞去。

斯普鲁恩斯下令各舰恢复战斗队形，随时准备迎战。然而，斯普鲁恩斯想多了，他们事后才知道，此时的南云舰队正处于异常混乱中。南云忠一手忙脚乱，先是匆忙修改命令，下令各舰飞机停止换下鱼雷。继而怒气冲冲地要"利根号"的搜索机马上查明前方美军舰队中有无航空母舰。这个时候来自中途岛的美军战机又呼啸着飞临南云舰队的上空。

7 时 48 分，中途岛美军岸基飞机第 2 波攻击开始。执行此次攻击任务的是 14 架陆军航空兵的 B-17 双引擎远程轰炸机，它们是美国最新型的陆军轰炸机。这些轰炸机拂晓前就离开了中途岛，打算攻击西面的日军运输船队，不过在中途改变了计划，转而来攻击南云的航空母舰。B-17轰炸机很坚实，载弹量4吨多，只要命中了水面舰只，破坏性是极其可怕的。可是，陆军飞行员缺乏攻击海上移动目标的经验，再加上B-17是高空投弹，命中的机会自然不大。它们在6000多米的高空扔下炸弹后，扬扬得意地飞走了。这些飞行员回去吹嘘说，有4颗炸弹命中了2艘航空母舰。其实，所有的炸弹除了在海上炸起一束束壮观的水柱外，没有伤到日军舰只皮毛。同样，日军水面大小舰船的高射炮尽管集中火力猛射，但也没有一炮命中。

8时，也就是在B-17轰炸结束时间不长，16架美军俯冲轰炸机飞临上空。日军担任前卫的驱逐舰纷纷释放烟雾，用高射炮组成一道弹幕，企图阻止美军飞机突入航空母舰上空。刚刚返回舰补充油弹的10多架"零"式战斗机再次升空迎击，将一架又一架的美国飞机送入海底。刹那间，17架美军飞机只剩下一半，仍在勇敢地冲向"飞龙号"航空母舰。片刻后，"飞龙号"冲出了硝烟，继续航行。返回中途岛的8架美军俯冲轰炸机有6架受伤报废。

8时20分，日军"利根号"搜索机飞行员终于发来了南云一直等待的电报："敌舰队后面似乎有1艘航空母舰。"旗舰"赤城号"舰桥上的每一个人都紧张起来，大家似乎不愿相信这个消息是真的。既然是"似乎"，那么至少有一半可能是误报，否则美国舰队的飞机为什么迟迟不来呢？10分钟后，又接到该搜索机的报告："敌舰队中还有2艘巡洋舰。"

日军的这个飞行员搜集敌情的能力太差了，从7时28分第1次发现水面舰队以来，过去了一个多小时，还没有提供确切的可以使人定下决心的敌情报告，仅有的一份关于敌人航空母舰的电报也是含糊其词。"赤城号"上的参谋们恨不得把这个飞行员从天上揪下来痛打一顿。

当海空恢复平静时，南云舰队虽然遭到中途岛美军岸基飞机的鱼雷攻击、高空轰炸和俯冲轰炸，却未受到什么损伤。相反，美军中途岛的航空兵力却被日本人打残，再也无力挑战南云舰队。然而，美军中途岛岸基飞机的惨重牺牲并非徒劳无益。将近一个半小时的连续攻击，迫使南云不得不全力应付头顶的威胁。准备为第2攻击波护航的36架"零"式战斗机不得不一次又一次升空迎战美军。因航空母舰不断进行规避动作，机库内的弹药换装工作无法正常进行，大大延续了作业进度。原来严整的队形在战斗机起飞和降落时频频移动，大为分散，所以极需利用战斗间隙收拢队伍。来自中途岛的威胁和干扰，打乱了南云舰队对美国水面舰队的一切作战计划。

南云尽管非常窝火，头脑却在不停地飞快运转，根据已经了解到的美军兵力部署，他判断至少有一艘航空母舰。鉴于此，攻击美军水面舰队是首选目标。然而，立即攻击谈何容易。虽然他已经下令停止换下鱼雷，但"赤城号"和"加贺号"的大部分鱼雷轰炸机已经装上了轰炸陆上目标的炸弹，第2攻击梯队的全部"零"式战斗机都在空中对付中途岛的岸基飞机。因此，真正可以立即用来进攻美军航空母舰的只有"飞龙号"和"苍龙号"上的36架俯冲轰炸机了。此时的南云左右为难，若立即下令已经准备好的36架俯冲轰炸机前去攻击美军舰队，可能遭到惨重损失，因为没有战斗机护航。还有，要不要使用停在"赤城号"和"加贺号"飞行甲板上的那些装上对地面目标攻击用的炸弹的鱼雷轰炸机？这些炸弹虽不如鱼雷，但如能直接命中，仍能重创美舰。然而，鱼雷轰炸机比俯冲轰炸机更需要战斗机掩护，否则很容易成为美军战斗机的靶子。

南云犹豫不决之际，航空母舰第二分队司令山口多闻提出了一个紧急建议。他的旗舰"飞龙号"离"赤城号"很远，从"利根号"搜索机的连续报告中，他认为美军的特混舰队是目前最大的威胁，必须对其实施猛烈的毁灭性打击。他说："我认为应立即动用'飞龙'和'苍龙'两舰的飞机起飞攻击。"

　　山口的建议是有道理的，虽然攻击机在没有战斗机护航的情况下会遭到大的损失，但至少比留在航空母舰上听任美军攻击要好得多。而一贯被南云倚重的参谋源田实此时却没有提出类似的建议，其原因主要是在空中的第1攻击梯队飞行员大多是他的好友，他实在不忍心让他们因无法及时着舰而再受到什么损失。山口在日本海军中公认为才干超群，很可能成为山本五十六的接班人，南云深深嫉恨，所以不愿接受他的建议。

◎ 是打仗，还是换弹比赛

就在南云举棋不定的时候，友永率领的第 1 攻击梯队的近百架飞机返航。从 4 时 45 分到 8 时 30 分，第 1 攻击梯队已经在空中飞行了近 4 个小时。别说那些受伤的飞机等不及了，就算完好的飞机燃油也快耗尽了。如果不立即降落，第 1 攻击梯队的飞机就会像筋疲力尽的鸟一样坠落大海。要么立即让已在甲板上的俯冲轰炸机和鱼雷轰炸机起飞，在没有战斗机掩护下去进攻，以便腾出飞行甲板；要么把这些排列好的飞机挪开，让空中盘旋的飞机降落，但这要冒错过进攻时机的风险。空中机群隆隆的响声催促着南云快下决心，已经有几架受伤的飞机在海上迫降了。

南云权衡再三最终决定："将轰炸机送回机库，腾出飞行甲板，回收第 1 攻击梯队的轰炸机和空中巡逻的战斗机。回收完毕后，舰队暂时北撤，推迟攻击美国舰队的时间。"南云的做法有一定道理。他的部队搭配得当，在实力上占很大优势。如果把他的全部兵力投入一次大规模攻击，全歼敌人不是不可能的。这是一种传统的策略，但有一个缺陷，即忽视了时间因素。战斗的胜利并不总是属于力量强大的一方，往往属于能更迅速果断地去应付没有预料到的情况，属于能更迅速地抓住瞬间即逝的战机的一方。

在南云发出清理飞行甲板、准备回收飞机的命令后，疲惫不堪的地勤人员再次把鱼雷轰炸机送到下边的机库。他们开始按照新的命令，在机库里重新卸掉炸弹，再装上鱼雷。地勤人员愤愤不平地大声喊道："干吧！干吧！我们是在搞一场炸弹换鱼雷、鱼雷换炸弹的比赛！"

返航的飞机一架接着一架降落在飞行甲板上的时候，下面机库甲板上在拼命赶着给鱼雷轰炸机重新装鱼雷。只穿着短袖衬衣和短裤的地勤人员匆忙卸掉重磅炸弹，来不及把卸下的炸弹送回到下面的炸弹库去，只好堆积在机库旁边。他们没有想到的是，正是这些不经意随便放置的炸弹，给他们带来了巨大的灾难，彻底地葬送战舰。

8时47分，"利根号"巡洋舰的侦察飞机向"大和号"旗舰报告，在中途岛东北250海里的地方又发现2艘美国巡洋舰。15分钟后，1架侦察飞机报告说有10架舰载飞机袭击南云舰队。之后的两小时，再没有听到有关南云舰队的消息。尽管如此，山本并没有感到什么不安。

8时55分，舰载机即将收回完毕时，南云向各舰发出了灯光信号命令："收机作业完成后，部队暂向北航行，接触并歼灭敌机动部队。"发出上述命令的同时，南云向"大和号"战列舰上的山本五十六和第二（重型巡洋舰）舰队司令近藤信竹发电报："8时整，发现敌航空母舰1艘、巡洋舰5艘和驱逐舰5艘。敌方位10度，距离中途岛240海里。我们正驶向敌人。"

9时15分，美军飞行员科林斯和默里驾驶着各自的鱼雷轰炸机摇摇晃晃地返回中途岛，美军第1次攻击南云舰队的行动结束。（中途岛美军鱼雷轰炸机的攻击编队虽说损失惨重，却没有给对手造成丝毫伤害，但它们自杀性的攻击使日本人犯了一个致命的错误。）当日军第1攻击梯队起飞袭击中途岛后，南云下令在4艘航空母舰上待命的第2攻击梯队108架飞机，其中战斗机、俯冲轰炸机和鱼雷轰炸机各三分之一做好出击准备。南云认为第1攻击梯队足以完成摧毁中途岛美军的任务，所以命令第2攻击梯队攻击可能出现的美国航空母舰部队。尽管大部分人不太相信美国航空母舰会在这个时候出现，但有备无患，南云采取了稳健的做法。

当南云接到第1攻击梯队轰炸机编队指挥官友永丈市要求第2次空袭中途岛的电报后，"赤城号"舰桥上出现了争论，有人坚持必须留下一半兵力应付意外情况的出现，有人则认为所谓意外情况纯属臆想，让半数兵力闲置简直难以理解。如果说刚接到友永请求的时候，南云还有些犹豫，那么美军鱼雷轰炸机的攻击则坚定了他的决心。南云认为，既然始终没有迹象表明附近有美军水面舰队，就应该集中力量迅速而彻底地摧毁中途岛的防卫力量，为即将实施的登陆作战扫除一切障碍。南云尽管亲眼目睹了"零"式战斗机干脆利落地击落了不少美机，他也清楚地感觉到中途岛仍然具有很强的空中攻击力量，并且美国飞机一旦对笨拙的运输舰发起攻击，它们的战绩肯定会好得多。因此，刚一粉碎鱼雷轰炸机的进攻，南云即下令第2攻击梯队再次空袭中途岛。这就是说，"赤城号"和"加贺号"上的36架鱼雷轰炸机必须卸下已经装好的全部鱼雷，再换上攻击地面目标的800千克重的巨型炸弹。已经在飞行甲板上排列整齐的鱼雷轰炸机则一架架送回机库，飞行人员、地勤人员和军械人员拼命从事这一吃力的换装工作。在"赤城号"航空母舰上养病的渊田美津雄忧心忡忡地说："我们好像一个背着满口袋黄金、单身在森林里赶路的人，任何一个强盗发现了都会猛扑上来。"

就在同一时刻，美军鱼雷轰炸机中队长沃尔德伦少校看见远方海面上，一群战舰形成的巨大钢铁花环，正在静静地向北行驶，这正是南云舰队。沃尔德伦率领的鱼雷轰炸机燃料已快耗尽，又无战斗机掩护，此时进行攻击无异于自杀。然而，沃尔德伦一直盼望与日军决战。前一天晚上，他给妻子和女儿留下了遗书："我若战死，你们应该明白我是为此次海战中的最高目标——击沉敌舰而献身！"此时，后退等于临阵退逃。沃尔德伦果断下令："我希望大家竭力去摧毁敌人，即使只剩一架飞机也要冲上去击沉敌舰。如有胆小者，可退出战斗！"说完，他摇动一下机翼，向同伴们致以最后的敬意，第一个向日舰扑去，其余14架飞机紧跟着他冲了上去。

还真被沃尔德伦说中了，他的鱼雷轰炸机编队最后真的只剩下1架冲进了敌阵，那就是乔治·盖伊少尉的飞机。鱼雷轰炸机队没费什么事就找到了海上那一大片目标，盖伊急切地盼望着中队长下令进攻。沃尔德伦想的是凭自己的中队无法完成歼灭南云舰队的任务，甚至可能全军覆没。于是，他抓紧宝贵的几秒钟把日本舰队的位置编成电报告诉斯普鲁恩斯，以便增援部队全歼日军的航空母舰。可惜由于距离太远，加上飞机飞得太低，斯普鲁恩斯没有收到电报。发完电报后，沃尔德伦晃晃机翼，示意大家随他冲锋。

◎ "零"式战斗机，战力爆棚

海面上的南云舰队非常紧张，航空母舰甲板上的水兵全都屏住呼吸，看着几十架"零"式战斗机紧急起飞。有些飞机加油、装弹尚未完毕就匆忙拔下油管飞出跑道。渊田美津雄瞪大眼睛盯着右前方略高于水平线的蔚蓝色天空，因为那里出现了一些小黑点。一大群"零"式战斗机晃动着闪闪发亮的机翼迅速迫近来犯的美机。他们想在美机尚未接近航空母舰前把它们全部击落。对付美军这些没有战斗机掩护的鱼雷轰炸机，"零"式战斗机非常有经验，其在数量上还占有绝对优势。

一个小黑点爆出了火光，又一个小黑点变成了一道黑烟，一直拖到海面上。鱼雷轰炸机越来越近，数量也越来越少。刚刚还紧张到窒息的"赤城号"上的人们变得兴奋起来。瞭望哨兵欣喜若狂地大声报告："还剩下 5 架……只有 3 架……1 架！1 架！"

接着，瞭望哨兵大喊一声："全部击落！"

渊田终于松了一口气，"零"式战斗机的表现真是出人意料，只要有它们在，美军舰队就很难靠近他们的航空母舰。

几分钟一晃即逝，对于盖伊来说犹如一生，他永远也忘不了那惨烈的瞬间。15架鱼雷轰炸机离航空母舰很远就被"零"式战斗机冲得七零八落。无线电中传来沃尔德伦急促的喊声："突进去，当心战斗机！"周围机枪子弹飞蝗似的乱窜，盖伊看见中队长沃尔德伦的左油箱燃起烈焰，火苗立即笼罩了驾驶舱。盖伊从旁边掠过时，沃尔德伦拼命想跳出来，但已经来不及了，一个浪头打在飞机的起落架上，沃尔德伦跟他的飞机一同葬身大海。

一架又一架鱼雷轰炸机坠海，转眼间盖伊成了唯一的幸存者，机上其他乘员也被打死了。盖伊突然想起了中队长沃尔德伦关于最后1架也要攻击的命令，于是急速拉起飞机，跃过下面驱逐舰的高射炮弹幕，然后朝着"苍龙号"航空母舰冲去，并发射了一颗鱼雷。这是沃尔德伦中队唯一发射的鱼雷，很可惜从航空母舰的旁边擦了过去。盖伊根本没把舰上的对空炮火放在眼里，对准舰艉的一门正在射击的高射炮按下了机枪按钮。

没有响声，原来机枪卡壳了。

盖伊的飞机在靠近舰桥的地方猛地拉起来，抵近的一瞬间，他看到的是甲板上乱七八糟的输油管和正在加油装弹的飞机。盖伊的飞机刚刚脱离目标，5架"零"式战斗机呈直线向他扑来。日本人决心要把这条漏网之鱼吃掉。一架"零"式机击毁了盖伊的方向舵，另一架打断了他的机翼。盖伊的鱼雷轰炸机垂直向下栽去，但他及时跳机，随手抓起了一个装有橡皮救生筏的袋子，还有一只黑色橡皮坐垫。这个无意中带上的坐垫救了他的命。盖伊泡在海水里，头上顶着坐垫，一直藏到日本军舰驶离他的视线才钻出来把救生筏充上气。一直漂到第 2 天，盖伊才被一架中途岛的水上巡逻机救了起来。

盖伊回去后才知道，原来他们中队的上空有一批自己的战斗机。那是詹姆斯·格雷上尉的"企业号"的 10 架战斗机。格雷的战斗机中队受命为"企业号"上的鱼雷轰炸机中队护航，但是由于战斗机速度太快，鱼雷轰炸机太慢，所以格雷的战斗机只有在鱼雷轰炸机上空来回地飞"S"形，才能让鱼雷轰炸机留在自己的视野里。几个"S"形飞下来，格雷下面的鱼雷轰炸机就不见了，他连忙率领中队四处寻找。最后发现的却是"大黄蜂号"的鱼雷轰炸机中队，也就是沃尔德伦和盖伊他们的鱼雷轰炸机。反正都是自己的飞机，而且也是极需掩护的鱼雷轰炸机，格雷继续飞着"S"形，可是他未通知下面的沃尔德伦，致使沃尔德伦完全未曾想到有必要协同一下就冲向了日军。

就在沃尔德伦的 15 架鱼雷轰炸机临近南云部队时，格雷又一次弄丢了鱼雷轰炸机。等他再次赶到时，几十架"零"式战斗机已向沃尔德伦展开了猛攻。格雷事后解释，他帮不了忙，因为"零"式战斗机几乎在眨眼间就击落了沃尔德伦的全部鱼雷轰炸机。是不是真是这样，盖伊始终不相信，他至死都对格雷耿耿于怀。如果格雷的战斗机中队勇敢一些，他的中队长沃尔德伦也许会活着回来，至少中队几十个人不会只剩下他一人。不管真相如何，反正格雷的 10 架战斗机一直没有积极参战。先后弄丢了两批鱼雷轰炸机后，格雷认为自己战斗机上的机枪反正无法射击日军的航空母舰，倒不如侦察飞行。于是，他躲躲闪闪地在这一空域一直飞到油量表的指针下降到危险点才率队安全返回"企业号"。

第一批来犯的鱼雷轰炸机被击落后，空中的"零"式战斗机除一部分滞留空中警戒外，其他的掉头寻找各自的航空母舰，准备加油装弹。还未等它们落下，"赤城号"舰桥上的瞭望哨又喊了起来："敌鱼雷轰炸机，右舷 30 度，低空接近。"接着，舰艇左舷的瞭望哨也报告道："敌鱼雷轰炸机，左舷 40 度，正在迫近！"来者正是被格雷弄丢了的"企业号"上的 14 架鱼雷轰炸机。中队长尤金·林赛少校手下的飞行员比沃尔德伦手下的飞行员有实战经验，他们参加过马绍尔群岛、威克岛的多次战斗。即便刚调入中队的飞行员的飞行时间也在 2500 小时左右，而且大部分时间驾驶的是鱼雷轰炸机。

林赛把中队全部飞机分为两队冲向日军"加贺号"航空母舰。然而，日军的"零"式战斗机太强悍了。美军鱼雷轰炸机尚未接近到可发射鱼雷的距离，就有半数从队形中消失，其中一架飞机上悬挂的鱼雷被一串子弹击中，当即火光一闪，连同飞机一起炸了个粉碎。只有 4 架飞机发射了鱼雷，但都被"加贺号"巧妙地躲了过去。其实，有些鱼雷根本就不用躲，美国鱼雷轰炸机飞行员为了躲避"零"式战斗机，完全是在慌乱中投下鱼雷的。几个小时连续不断的空战使得"零"式战斗机的飞行员们极度疲累。虽然油料还有不少，他们却一个个飞回航空母舰，乘补充弹药的短暂间歇喘口气，随后在地勤人员的祝贺和鼓励声中再次爬进机舱起飞。周而复始，许多驾驶员已经记不清是第几次升空了。

◎ 山本有点不淡定

9时18分，日军第1攻击梯队和进行战斗巡逻的战斗机全部收回舰队。南云舰队的航向改为30度。为了减少美军中途岛岸基飞机的威胁并取得对美国舰队的有利阵位，舰队航速增至30节。航空母舰上的地勤人员忙于给刚刚降落的飞机加油、补充弹药。只需1个小时，南云的100多架飞机组成的攻击部队就能准备完毕，同时攻击美军的航空母舰特混编队。然而，正是这短短的1小时，战局急转直下。

9时20分，日军外围警戒驱逐舰发来警报："敌人舰载飞机正在向我靠近！"一直倚靠着降落伞包，躺在飞行指挥所旁边的渊田美津雄下意识地看了看手表，喃喃自语："来了，终于来了……"

美国人显然已经发现了日军的主力舰队，攻击目标则是日军的航空母舰。他们连番派出"复仇者"式鱼雷轰炸机，紧紧咬住"赤城号""加贺号""苍龙号"和"飞龙号"4艘航空母舰。对此，南云心里非常清楚，原想在中途岛出奇兵，打美国人一个措手不及，如今，舰队可谓凶险万分。美国人的拦腰一击完全打乱了事先制订的作战计划。

南云站在旗舰"赤城号"的舰桥上，双目黯然，神不守舍。他指挥过无数次海上战役，从来没有像现在这样紧张。美军的鱼雷轰炸机一批又一批，B-26大型轰炸机也相继参战。南云舰队远离日本本土，中途岛登陆受阻，欲战受敌，欲罢不忍，除了硬拼，别无选择。他命令已经装好鱼雷的水平轰炸机火速卸下鱼雷，立即升空迎战。第2攻击梯队的出击只能暂时作罢，保卫舰队的安全才是当务之急。

一批美机轰炸刚刚结束，较远的一艘日军驱逐舰就发出烟幕信号，报告发现将近100架美军飞机。南云手里攥着一把汗："全舰队都有，高射炮立即装弹，准备齐射！"美军机群很快上来了。南云的几百门高射炮立即开火。轰了一阵，打掉几架飞机后，炮火突然停了。南云大发雷霆："为什么不射击？为什么不射击？"

10时，"赤城号"完全丧失了作战和指挥能力，与外界的通信系统完全中断。南云虽然仍在指挥，但面色惨白，手忙脚乱。参谋长草鹿龙之介建议把司令旗转移到附近的"长良号"巡洋舰上，因为"赤城号"有沉没的危险。

南云不情愿地同意了。

鱼雷不断爆炸，致使火药库起火，整个机动室和指挥台变成一片浓烟大火。草鹿劝说南云赶紧离开。南云瞪着眼睛，愤愤地说："我是指挥官，帝国军人，怎么能离开战斗岗位？舰在人在，舰亡人亡！"

草鹿再三恳求："大部分军舰完好无损，我们还要继续战斗下去。如果您与'赤城号'同阵亡，整个舰队群龙无首，结果不堪设想，请将军以大局为重。

现在，我们没有选择，赶紧转移才是上策！"

南云实在不忍心离开旗舰，尤其不愿舍弃同甘共苦的官兵。这时，"赤城号"舰长青木跑上前来，含泪哀求："将军，请您快快转移。我是舰长，我来关照'赤城'，您放心吧！"这时候，官兵前来报告说，通道完全起火，出去的唯一办法是从舰桥前窗吊下一条缆绳，从左舷过道绕到抛锚甲板上。"长良号"巡洋舰派来的汽艇就在抛锚甲板底下守候，可以抓着缆绳下到汽艇上。

10时46分，南云在美军"野猫"式轰炸机的弹雨中，垂头丧气地爬上舰桥的窗口，抓住一根缆绳来到守候在下面的汽艇上。紧跟在南云身后的草鹿，用的是另外一根缆绳。他又胖又不灵活，一把没有抓住，重重地摔在甲板上，两只脚还扭伤了，但他没有感觉到。

10时50分，联合舰队通信参谋和田雄四郎海军中佐满脸沉痛，一言不发地把一份急电递给了司令山本。这是阿部海军少将从"利根号"上发来的电文："遭敌舰载机和陆上飞机联合攻击，'赤城号''加贺号'和'苍龙号'起火。拟以'飞龙号'与美军航空母舰交战，我们暂时北撤，集结兵力以图再战。"

看到电文，像看到一个怪物，山本和他的幕僚个个目瞪口呆。山本没有指望这场大规模海战之后舰队还能完好无损。损失1艘航空母舰，他完全可以泰然处之；损失2艘，虽说折损严重，还可以忍受，如今刚开打就有3艘受伤，这时的山本就有点儿不那么淡定了。

损失如此惨重，完全出乎意料。首席参谋黑岛龟人暴跳如雷，急得一会儿拍桌子，一会儿痛哭流涕。

山本一遍又一遍地看着电报，一句话不说。如今只有一个办法能挽回败局，那就是迅速集中分布在各个海域的兵力，用战列舰的重炮与美国特混舰队进行一场孤注一掷的水面大决战。联合舰队司令部的参谋们坚信，只要战列舰和巡洋舰能够抵近美军火炮射程之内，美国特混舰队仍然不是他们的对手。

除 4 艘航空母舰外，日本联合舰队还有 60 多艘各种驱逐舰、11 艘大型战列舰、11 艘重型巡洋舰和 12 艘轻型巡洋舰。这些强大的水面战舰威力无比，只要一两个齐射就可以让任何敢于挑战的对手化为齑粉。

日本人的这种自信是有道理的。要是面对面地抵抗，美军必败无疑。前提是这些舰需要加在一起，而实际情况则是，除了南云舰队处于战场内，其他舰都分散在交战地点以北、以南、以西数百海里甚至上千海里之外。

这个时候的山本才真正感到他的 5 个指头伸得太长了，根本无法在短时间内收回形成强有力的铁拳。

第六章　日本航母的噩梦

　　日军第 2 架俯冲轰炸机投弹完毕，刚刚仰起机头，就被准确的炮火击中了暴露的腹部，在航空母舰上方凌空裂成碎片。它投下的炸弹紧擦舰艉而过，入水发生猛烈爆炸。机身的碎片和炸弹的弹片扫向后左舷炮的几名炮手，切掉了他们的脑袋或手臂。

◎ 要跟美国人决一死战

　　11 时 10 分，从"筑摩号"巡洋舰起飞的侦察机向联合舰队第 1 机动部队指挥官南云忠一报告："90 海里外发现美军舰队！"第 1 机动部队首席参谋大石保海军大佐向南云建议："美军比我们当初想的近得多，如果全速前进，就有可能与敌发生水面遭遇战。"

　　日军判断，美军航母的警戒舰有 7 艘巡洋舰和 5 艘驱逐舰，而南云的机动编队有 2 艘快速战列舰、2 艘重巡洋舰、1 艘轻巡洋舰和 12 艘驱逐舰，完全可以凭借炮火优势消灭美军舰艇。此时，"长良号"巡洋舰附近只有 5 艘驱逐舰，其他军舰，有的正在为 3 艘受伤的航母提供警戒，有的正与"飞龙号"航母、"榛名号"和"雾岛号"战列舰及"利根号""筑摩号"重巡洋舰一起北撤。犹豫不决的南云，直到 11 时 50 分才向山本和登陆编队司令近藤报告目前的不利局面和准备采纳大石的建议。

　　11 时 30 分，"长良号"巡洋舰放下软梯，南云和草鹿及其参谋爬了上去。

"赤城号"上的全体伤员也转移到"长良号"巡洋舰上。巡洋舰便开动了，桅杆上飘扬着南云的旗帜。此时，"赤城号"航空母舰上的水兵们正在奋不顾身地扑灭大火，火势太大，化学灭火机根本不起作用，不少官兵被活活烧死。伤亡越来越大，火势根本无法控制，舰体已经开始倾斜。

11 时 53 分，南云用无线电向各舰下达集结令，命令第十驱逐舰战队、第八巡洋舰战队和第三战列舰战队沿 170 度航向全速前进。旗舰"长良号"巡洋舰及 5 艘驱逐舰则以 24 节航速向东北航行，与各舰会合。11 时 56 分和 59 分，南云分两次重复此项命令。

12 时 20 分，山本五十六向所属各舰队下达如下电令。

为有效攻击中途岛以北之敌，各舰队务必遵照以下要点行动：

1. 主力舰队 12 时的位置是北纬 35 度 08 分、西经 171 度 05 分，航向 120 度，航速 20 节。

2. 作为登陆部队的近藤舰队以部分兵力掩护登陆输送部队暂向西北退却。

3. 北方的第二机动部队的角田航空战队速与南云的第一机动部队会合。

4. 第三、第五潜艇战队进入警戒线展开。

山本发出这道命令后，最关心的是中途岛美军有多少航空兵力，因为这是制订下一步作战计划的主要依据。虽然日本的 3 艘航空母舰失去了战斗力，但"飞龙号"完好无损，可以用它来攻击美军的航空母舰。此外，还可进行水面夜战，或者采取别的攻击战法。攻击美军岸基航空兵力只能依靠机动部队。从友永要求对中途岛实施第 2 次空袭看，第 1 次攻击不是很成功。山本担心，如果不立即摧毁中途岛的美军航空基地，美国人很可能从夏威夷调遣更多的飞机，如此占领中途岛就更难了。

黑岛龟人建议山本派一支水上部队乘夜色炮轰中途岛。山本采纳了这个建议，命令距中途岛最近并有高速军舰的近藤海军中将的部队执行这项任务。山本决定，把原定的中途岛和阿留申群岛的登陆作战推迟到歼灭美军航空母舰部队之后。

13 时，日军"利根号"侦察机发来报告，美军正在撤退。毫无疑问，只有巡洋舰和驱逐舰作为警戒兵力的美军舰队决不会用火炮和鱼雷与日军进行水面决战，最好的办法是尽量与日军舰队保持一个安全距离，利用舰载机的空中优势，加上中途岛岸基航空兵的支援，实施猛烈空中打击。美军还可利用相当数量的侦察机，查明日军舰队的位置，并保持一定距离，甚至布置一个圈套让日军舰队来钻。鉴于此，南云决定放弃在白天海上决战的企图，决定组织夜战。

于是，南云下令西撤，同时进行夜战准备。

13 时 10 分，山本五十六又发出新的命令："采用 C 号方案攻击敌舰队；登陆部队派出部分兵力于今夜炮击并摧毁中途岛上的敌军航空基地；中途岛和阿留申群岛的登陆行动暂缓实施。"时任第一航空舰队参谋的渊田美津雄后来说："采用 C 号方案进攻敌舰队，其实就是把中途岛和阿留申两地的海上兵力集中起来，同美国人决一死战。"

按照山本的命令，近藤派其第七战队炮击美军的中途岛机场，各登陆输送队掉过头来向西航行。这时，山本急切希望角田率领的另外 2 艘航空母舰尽快到来。然而，"大和号"于15时30分收到角田发来的电报却是："我部在收回袭击荷兰港的攻击机队后，全速南下。6日晨，将在北纬44度40分、西经176度20分进行补给，而后与南云部会合。我部4日15时的位置在荷兰港西南120海里处。"山本通过战术计算，知道角田的部队在8日下午之前根本赶不到中途岛战场，只好作罢。

这个时候，山本所在的"大和号"陆续收到一些舰队侦察机的报告。综合这些报告，联合舰队司令部对当前敌情作出基本判断："美军舰队中至少有大型航空母舰3艘、重巡洋舰5艘、驱逐舰15艘，这是一支不好对付的强大兵力。"

15时55分，山本收到一份更为不利的电报："'飞龙号'中弹起火。"看来，这艘航空母舰也指望不上了。然而，山本还是不肯罢手，他认为南云部队、近藤部队离美军舰队都不是很远，实施夜间决战的可能性仍然存在。夜战不仅是日本海军的优势，更重要的是美军的舰载机在夜间发挥不了作用，完全有战胜对手的把握。

16时15分，山本向所属各舰队下发如下紧急电令。

1. 敌特混舰队正在向东退却，其航空母舰已基本被歼。

2. 中途岛海域的我联合舰队各部火速前去追歼残敌，并占领中途岛。

3. 主力部队将于6日0时到达北纬32度10分、东经175度43分水域，航向90度，航速20节。

4. 机动部队、登陆部队和先遣部队务必全力以赴搜索并攻击敌舰队。

接到山本的电令后，角田少将的第2机动部队立即收拢部队，向南转向，准备南下与南云的第1机动部队会合。高须中将与山本五十六率各自的部队向南、向东疾进。分散在夏威夷和中途岛之间担任警戒的10余艘潜艇也转向中途岛方向潜行。最有可能先抵战场的近藤中将遵照山本的命令，一面指示庞大的运输舰队暂时西撤，脱离中途岛岸基飞机的火力打击范围，一面下令4艘重巡洋舰和2艘驱逐舰向中途岛疾驶，务必于当晚炮击中途岛，摧毁岛上的飞机和航空设施，以使拟定的水面大决战不致受到岛上飞机的干扰。同时，近藤亲率"瑞凤号"航空母舰和2艘战列舰、4艘重巡洋舰及大群驱逐舰全速赶赴北面的战场。南云部队接到的命令是：与美军保持适当的距离，一旦夜幕降临，立即以全部兵力向东靠近美军，缠住美军，等近藤部队赶到后，合力将其歼灭。

◎ 取消进攻中途岛

大雾再度降临。

"大和号"几乎看不见其他军舰。

然而，为了争取时间，山本率领的各艘战舰加大马力，以 20 节航速在茫茫大雾中穿行。这在平时是不可想象的，也是绝对不能允许的，可是如今杀红了眼的山本哪管这些。

命令发出后，"大和号"舰桥上又充满了希望。虽然大雾遮挡得连近处的军舰都看不清楚，但山本的幕僚们似乎看到了浩瀚的大洋上无数的军舰像利箭一样从四面八方射向美军舰队。山本一心想在夜间捕捉美军舰队，然而他的这一企图是不可能实现的，因为美国人的航母编队已开始向东航进，日本人是根本追赶不上的。

17 时 32 分，日军"利根号"一架侦察机报告，美军舰队仍然在东撤。

夜战的希望越来越渺茫了。

南云听到这个消息非常焦躁，但是他的首席参谋大石保继续坚持实施夜战，他建议"长良号"的一架夜间侦察机，也就是南云机动编队剩余的唯一一架侦察机做好准备，搜索美军舰队。然而，要想靠一架侦察机在漆黑的夜间搜寻茫茫大海中的美军舰队，找到的可能性微乎其微。其他参谋对实施夜战的可能性越来越怀疑，大石不仅依旧坚持他的观点，还建议把正在警戒受伤航母的驱逐舰全部调回来，以加强夜战的攻击力。南云同意这一建议，向各舰发出了集结命令。

其他参谋人员对大石的建议非常担忧，若这几艘航母下沉而又没有驱逐舰在旁救援，航母上的人员怎么办？如果不能在拂晓前把航母上的人员救出，把受伤的航母处理好，完成撤退，天一亮，航母、驱逐舰都将成为美军飞机攻击的目标。

傍晚时分，"赤城号"舰长青木决定弃舰，伤员转移到掩护的驱逐舰派来的汽艇上。因火势太猛，不少人来不及登艇就跳进海里。青木致电南云，请求批准炸沉"赤城号"航空母舰。南云将电文转发给联合舰队旗舰"大和号"战列舰。山本五十六收到请示电后，痛心疾首，仰天长叹。"赤城号"不仅是此次远征舰队中最优秀的一艘航空母舰，更重要的是山本曾经是该舰的舰长。面对残酷的现实，山本只能忍痛割爱，但是不忍心"赤城号"毁在自己手上，他立即回电："暂缓处置，全力挽救。"

"赤城号"舰长青木接到命令后，从"长良号"巡洋舰上又返回到"赤城号"。他知道挽救是不可能了。为了效忠帝国，青木来到没有被大火波及的抛锚甲板上，把自己绑在锚索上，准备与"赤城号"同归于尽。这个时候，海上的鏖战一刻也没有停止。美国飞机不顾坠毁，继续对"赤城号"轮番轰炸。他们发现了日舰上的炮火减弱，轰炸便越发疯狂。"赤城号"附近的2艘巡洋舰相继受重伤。

山本之所以下令暂缓击沉"赤城号"，是因为他的舰队正在向东推进，急于要为南云的舰队解围，准备打夜战。没想到，他的主力舰队行至半途就遭到美军飞机的疯狂阻击。

18时30分，日军"筑摩号"巡洋舰用灯光信号报告："2号侦察机在燃烧中的敌航母以东30海里发现4艘航母、5艘巡洋舰和15艘驱逐舰正向西航行。"

这一情报所提到的军舰数量完全正确，不过把2艘巡洋舰当成了航母。此时，美军除了受伤的"约克城号"航母外还有2艘航空母舰、7艘巡洋舰和15艘驱逐舰。这表明，美军的兵力要大大高于日军的估计，加上日军没有雷达，且只有一架夜间侦察机，要想找到美军并将其歼灭简直比登天还难。

4日22时，不到4个小时天就发亮了，这预示着日军夜战的可能越来越小。天一亮，日军将失去全部优势，直接处于美军舰队的威胁下。联合舰队参谋长宇垣缠觉得有必要提醒一下山本五十六："将军，是不是该考虑一下天亮后的行动？"

山本点了点头，宇垣缠马上吩咐下去："夜战部队不要追得太远，以免天亮前后出现情况时，无法控制。"实际上这等于放弃了夜战。宇垣缠这么做是对的，但他手下的参谋们不甘心，他们要想方设法从失败中捞回一些东西。

宇垣缠不耐烦地说："你们难道不知道拿战舰进攻陆上堡垒是多么愚蠢？你们想过没有，敌人的航空母舰仍在中途岛附近，岛上还有相当强大的航空兵力。就算威力强大的战列舰，也会在发挥火力之前就被敌人航空母舰的舰载飞机和岸基飞机打个稀巴烂。主张这种蛮干的人纯粹是浑蛋！"

劈头盖脸的怒斥，让宇垣缠憋了很长时间的怒气总算发泄了出来。他坐下来喃喃自语："即便不发动攻势，我们也没有输掉整场战争。"

一直没有说话的首席参谋黑岛龟人走上前去，对山本提议："夜战虽然打不成了，但天亮后，我们的4支舰队可以合兵一处杀向中途岛，用所有战列舰、巡洋舰和驱逐舰的大口径火炮把中途岛夷为平地。"

静静地听完黑岛的建议后，山本和颜悦色地说："我非常理解大家的心情，但是现在进行这样的作战为时已晚。下棋的时候，过多地拼杀往往会全盘皆输。"

不知是谁突然嘀咕了一句："我们怎么向天皇陛下交代？"

"大家不用担心，这件事由我来解决。向天皇陛下谢罪，我责无旁贷。"大家明白了山本的意思，司令官已经放弃了所有进攻的念头。

"大和号"下层舱的作战指挥室里，参谋人员彻夜守在铺有一张海图的大桌子旁，紧张不安地等待着战局的发展。再不能打下去了，"大和号"附近已经发现了美军潜艇。如果联合舰队的旗舰"大和号"受到重创，战局将难以控制。

6月5日2时55分，日本联合舰队总司令山本五十六终于向所属各舰队发出取消中途岛战役的命令。

1. 取消中途岛战役。

2. 中途岛登陆部队和航空母舰第一机动部队（缺"飞龙号"与其护卫各舰）立即集结，各部队务必在6月6日上午于北纬33度、东经170

度处会合。

3. 外围部队："飞龙号"及其护卫各舰和"日新号"务必在指定时间赶到上述位置。

4. 运输舰队向西开进，迅速摆脱以中途岛为基地的敌机。

这是日本帝国 77 年来海军史上第一个宣布彻底失败的命令，而这个命令又是由日本海军界威望和声誉最高的山本五十六发出的。把分散的日本部队集结起来并使它们从现在仍然受到威胁的地区撤出来，这可是一项艰巨而冒险的任务。

◎ 噩梦开始

日本联合舰队第七巡洋舰战队司令栗田健男接到撤退命令时，他的4艘重型巡洋舰距中途岛已不足100海里。经过黄昏和大半夜的高速航行，这几艘日本海军中最新最快的巡洋舰已经把自己的驱逐舰远远抛在身后。栗田知道，要想避免天亮后美军岸基飞机的轰炸就必须在拂晓前赶到中途岛，并毫不迟疑地展开炮击。如果能乘暗夜消灭岛上的飞机或者摧毁岛上的机场跑道，那么舰队就可以免遭来自空中的毁灭性打击。为了确保这一目的的实现，栗田还做了万一炮击失败就派各舰水兵敢死队上岸实施强行爆破的准备。正在这个时候，栗田却接到了让他西撤脱离中途岛的命令。栗田仰天长叹："早知今日，何必当初？"全身而退，谈何容易。

栗田趴在海图上大略计算了一下，发现向东距中途岛只有区区几十海里，向西退至美机攻击圈的边缘却有500海里。500海里行程至少需要一天，这期间舰队始终会受到美机的威胁。栗田后悔自己执行命令太坚决，如果放慢东进速度，是不会陷入这种绝境的。如今后悔于事无补，唯一的办法就是抓紧时间向西撤退，多离开中途岛1海里就能多一分生还的希望。

栗田果断下令："后队变前队，撤！"第七巡洋舰战队各舰在黑暗中紧急掉头。忙乱中，后面的"最上号"重巡洋舰未能看见微光定向灯的信号指示，继续前行，结果与前面正在转向的舰船相撞。

一声巨响过后，"最上号"的舰艏部分被撞掉，与之相撞的舰船也受了轻伤。栗田急忙了解情况，得知"最上号"仍能维持12节的航速，当即下令由刚刚赶上来的2艘驱逐舰负责掩护"最上号"西撤，自己率领另外2艘巡洋舰继续向西北航行与山本所在的"大和号"会合。栗田别无选择，既不能抛下"最上号"不管，也不能让其他军舰一起殉葬。

栗田先走了，渐渐亮起来的海面留下了4艘缓慢航行的军舰。它们只能以12节的速度向西撤退，这已是"最上号"的极限速度了，等待它们的命运可想而知。

6月5日凌晨3时50分，山本五十六终于忍痛下达了炸沉"赤城号"航空母舰的命令。联合舰队第1机动部队指挥官南云忠一海军中将收到命令后，即令邻近的4艘驱逐舰向"赤城号"发射鱼雷，同时敦劝舰长青木放弃与舰共存亡。南云派人前去把青木从大火中拖出来。青木未能与舰同归于尽，顿足捶胸。

接到命令后，4艘日军驱逐舰同时向"赤城号"航空母舰发射鱼雷。这时，美国俯冲轰炸机趁火打劫。凌晨5时，"赤城号"，这艘被称为日本强大帝国海军象征的第一流航空母舰在中途岛海战刚刚打响时，就沉没在太平洋里了。

此时，日军"加贺号"航空母舰的情况也不妙。麦克拉斯基和加拉赫指挥美军 25 架飞机接二连三地向下俯冲。"加贺号"飞行战队队长天谷孝久中佐顺着刺耳的尖啸声向上望去，正对着的阳光刺得他眼睛都睁不开。美国人顺着阳光俯冲，下面的高射炮手因阳光眩目看不清目标，只好凭感觉盲目发射炮弹。

"加贺号"通信参谋三屋静水少佐正巧站在飞行甲板上，令人魂飞魄散的呼啸声仿佛就在耳边。他就地一个卧倒，双手护住头部，双肘将胸部垫起，以免爆炸产生的强烈震动震坏了自己的内脏。美军的第 1 批 3 颗炸弹炸偏了，爆炸激起的水柱像瀑布似的倾泄到甲板上。三屋被浇成了落汤鸡，几个水兵被掀到舷侧，又翻入大海。第 4 颗炸弹在右舷排列整齐的飞机中开了花，飞行甲板上瞬间变成了一片火海。那些飞机全都加满了油，挂满了弹，七倒八歪，喷着烈火。日军飞机上的驾驶员根本来不及反应就化作了灰烟。

"加贺号"舰长冈田次作大佐站在舰桥上，直愣愣地望着天空，喃喃自语："我要与军舰共存亡，我要与舰共存亡。"正在这时，美军的第 7 颗炸弹直接掉进升降机井里，在机库甲板的飞机中爆炸；第 8 颗炸弹炸了舰桥边的一辆加油车，油料带着火光四下飞溅，整个舰桥和四周的甲板区被烈焰包围。冈田大佐和指挥中枢的其他人员当场被炸死。

命中"加贺号"的第 4 颗，也是最后一颗炸弹正好落在中段的左舷处。"加贺号"开始倾斜，舰上的电力、动力系统全部中断。甲板上到处都是大火，几乎找不到一处可以躲避的地方。水兵们只好往海里跳，以免被活活烧死。通往下层的通道被大火封死，"加贺号"的大部分乘员被堵在下面。尽管消防队员拼尽全力想挽救"加贺号"，但是火势根本无法控制，最后被烧得只剩下一个躯壳。

几乎在同一时刻，位于"赤城号"北边的"苍龙号"航空母舰仅仅晚了不到一分钟，也被3颗炸弹直接命中。不过，这不是美军第十六特混舰队"企业号"俯冲轰炸机编队干的，而是第十七特混舰队"约克城号"的俯冲轰炸机的杰作。"约克城号"的17架俯冲轰炸机在马克斯韦尔·莱斯利少校指挥下，比"企业号"的飞行员晚动身一个小时。他们的运气要好得多，没有走冤枉路，直接飞抵南云舰队的上空，与"企业号"俯冲轰炸机编队指挥官麦克拉斯基的机群前后脚到达。这种"天衣无缝"的配合纯属偶然，他们自己也不知道，还有一支兄弟部队同时发起了攻击。

"苍龙号"遭重创

　　美军"约克城号"俯冲轰炸机的麻烦出在指挥官莱斯利少校身上。起飞不久，他便示意队员们作好投弹准备，自己也按下飞机上新装的电动开关，想让炸弹进入投弹位置。没想到，这种新装的设备不灵，一按竟把炸弹掉进了海里。出现这种故障的还有3架飞机。莱斯利非常沮丧，尚未见到敌军就有4架飞机解除了武装。轰炸机上虽然有机枪，但是机枪是打不沉航空母舰的。

7时，山本五十六所在的"大和号"舰队与第二舰队司令近藤信竹率领的部队会合，从中途岛西北320海里处转入西北的航向。

此时，南云忠一所辖分散的各舰继续向西北撤退。从清晨以来，它们就接到取消中途岛作战的命令，奉命向主队集结。按照计划，南云应在此时此地和联合舰队会合。当发现他还没如期来会时，山本派出"凤翔号"航空母舰上的一架搜索机去寻找，果然在东北约40海里处找到了。直到11时55分，绝大部分的南云军舰已集结，并与其他部队会合。此时，集合起来的阵容与出发时天差地别。大型航空母舰一艘也没有剩下，驱逐舰只有半数到场，6艘派去护卫受伤的航空母舰了。

山本从旗舰上看出去，整个舰队一派凄凉景象。舰队会合后，当天下午，从各驱逐舰上把各航空母舰幸存者进行转移。装载幸存者的各驱逐舰将伤员转移到战列舰"陆奥号""长门号""榛名号"和"雾岛号"上。转移工作难度很大。此时，风浪大作，驱逐舰不能靠泊于战列舰。舰队只好停航，用气艇穿梭往来转运，其中重伤员还得用担架。转运工作一直继续到深夜。战列舰的病房和住舱挤满了伤员，绝大部分是灼伤。

◎ 厮杀，空中死亡游戏

　　7时25分，美军"约克城号"俯冲轰炸机编队指挥官莱斯利示意队员们向日军"苍龙号"俯冲。他一马当先，用仅有的武器——机枪向"苍龙号"舰桥疯狂扫射。没想到机枪卡壳了，他果断决定迅速向东南方飞去。这样一来，霍姆伯格少尉的飞机就成了带队长机。他从望远镜式的瞄准镜中窥见了"苍龙号"甲板上的大红圈，对准它一直俯冲到60米的高度才拉起机头。飞离日舰时，霍姆伯格瞥见他攻击的目标爆炸起火。随后3分钟内又有2颗炸弹命中了"苍龙号"。3个巨大的弹洞沿左舷一字排列，炸弹舱、鱼雷舱和油罐被相继引爆。"苍龙号"的主机不动了，轮舵系统也无法操作，消防系统被彻底摧毁。甲板下面烫得像锅炉，乘员们拥上甲板。医生和卫生兵把奄奄一息的伤员放在一边，忙着抢救尚有一线希望的人。突然，一阵剧烈的爆炸把前甲板上聚集的官兵掀进大海。当时，舰上的歼击机乘务员大和多达后来回忆：

发动攻击之前，我拿着两个寿司正要吃，突然感到船体倾斜，好像是紧急回旋。这个时候，扩音器中传来准备战斗的声音，大家一脸震惊……桌子倾斜了，上面的寿司和罐头滚落到地上。我连抓住桌子的机会也没有，只能挣扎着不让自己摔倒，手扶墙壁，勉强靠在那里。

舰体突然朝相反方向开始大回旋。有人说："这不是歼击机，是俯冲轰炸机。"话音未落，就听到"轰"的一声，我们被掀起，电灯灭了……不到1分钟，第2次冲击又来了，这次爆炸的强度比上次大很多倍。大家被弹到空中，撞到天花板或墙壁上，然后跌到倾斜的船舱地面上，身不由己地滚动着……钢铁墙壁开始弯曲变形，有的地方大面积龟裂，从缝隙中喷进火焰和黑烟。

我在乘务员室里被碰伤，失去了知觉。等我醒过来后，恍恍惚惚地爬到楼梯口，用尽力气爬上甲板。眼前一片昏暗，通红的闪光纵横交织，闪光映照下一片血肉狼藉。一阵风暴裹挟着海浪，把我托起。这时，我晕乎乎的大脑开始清醒："看来要掉到海里了。"我下意识地把身体蜷成一团，双臂抱着双膝，像发炮弹划出一条抛物线，翻着跟头落入海里……从海底挣扎着浮上来后，我看到烈焰冲天的"苍龙号"舰艇正在缓慢地向前移动，救生艇上逃命的乘务员挤成一堆。甲板上，人越来越多。为了能够活下来，大家不由自主地搭起人墙，也只能采用这种措施了。吊在舰舷的各快艇里也挤满了人，由于操纵失误，人员过多，前后重量不平衡，人们像叠起的点心一样被甩进大海……

7时40分，日军"飞龙号"航空母舰上的18架俯冲轰炸机和6架"零"

式战斗机在小林道雄的指挥下，在全舰官兵默默的目送下消失在天际。这种编组比例显然不够理想，护航的战斗机少了点儿，尤其在弄不清美军有多大兵力的情况下，更是一种冒险。然而，不能再等了，这是山口多闻目前所能出动的全部飞机。

小林指挥攻击部队在40多米的高度向东搜索前进。一筹莫展之际，他突然发现了正在返航的美军"约克城号"上的俯冲轰炸机。小林示意飞行员们悄悄跟上美军轰炸机。这与前不久"岚号"驱逐舰无意中为美国轰炸机引路的情况如出一辙。当小林的攻击部队发现美国舰队时，"约克城号"上的雷达早在45海里外就发现了他们。

"约克城号"立即发出信号，要第十七特混舰队的其他战舰组成"V"形编队，以迎接日军的空袭。驱逐舰以30节的航速很快组成了外层防御圈，同时"约克城号"上的12架战斗机也飞向空中。与此同时，第十七特混舰队向附近的第十六特混舰队发出求援讯号。舰队司令斯普鲁恩斯立即从正在空中巡逻的16架战斗机中抽调6架支援第十七特混舰队。

日军"飞龙号"轰炸机编队距离美国舰队还有15海里远的时候，美国战斗机迎头扑了上去，双方展开了激烈的空战。日军6架"零"式战斗机和数倍于己的美国战斗机厮杀在一起。"零"式战斗机想把美国战斗机全部吸引到自己周围，以便使轰炸机不受阻拦地攻击"约克城号"航空母舰。然而，美军战机实在太多，仍有好多架战斗机摆脱了"零"式战斗机的纠缠，向日军俯冲轰炸机扑去。空战离"约克城号"越来越近，双方厮杀到舰队上空时，"飞龙号"俯冲轰炸机编队已有10架被击落。空中电波异常复杂，不时夹杂着"万岁"的喊声，那是日本飞行员遇难前的最后呼喊，又有2架俯冲轰炸机撞在美国护卫舰队绵密的高射炮火网上。

7时50分，"苍龙号"舰长柳本柳作大佐下令："我命令弃舰，全体官兵撤下去，一个也不留下！"乘员们在撤出舰队期间，有人发现舰长柳本柳作还留在舰桥上不走。大家决定，不管舰长愿不愿意，一定要把他救出来。海军相扑冠军阿部返回舰上去救柳本。大家在想，如果舰长不肯下来，阿部可以凭力气把他强行背到安全的地方。当阿部爬上军舰时，发现柳本手握军刀，一动不动地凝视着前方。阿部向柳本敬了个礼说："我代表全体船员，来接您到安全的地方。"

柳本还是一动不动，好像没听到阿部的话。当阿部上前伸手要抱舰长时，柳本转过身来，着了魔似的，瞪着眼睛，举起战刀，不准阿部走上前来，严峻的脸上现出与舰共存亡的坚强决心。阿部束手无策，只得流着眼泪走开了。当他爬下舰桥时，听见柳本在舰上高声唱起了日本国歌《君之代》，随后是几声爆炸的巨响。

◎ 赴死，面带笑容

9时，"飞龙号"俯冲轰炸机编队损失了12架俯冲轰炸机，剩下的6架各自为战，以单机呈曲线迫近，使下面的美军炮手难以对付。"约克城号"右舷的机关炮一齐对准第1架呼啸着俯冲而下的轰炸机开火，将飞机炸为三段。飞行员在被击中的一刹那，及时按下了炸弹按钮，击中了离4号炮位不到7米的舰舷。这颗炸弹把"约克城号"飞行甲板中部炸出一个直径3米多的大洞，造成机库内3架飞机起火。机库里的官兵急忙打开消防装置，很快将火扑灭。

日军第2架俯冲轰炸机投弹完毕，刚刚仰起机头，就被准确的炮火击中了暴露的腹部，在航空母舰上方凌空裂成碎片。它投下的炸弹紧擦舰舷而过，入水发生猛烈爆炸。机身的碎片和炸弹的弹片扫向后左舷炮的几名炮手，切掉了他们的脑袋或手臂。

与此同时，日军"飞龙号"俯冲轰炸机编队指挥官小林道雄还没有回来，包括他的飞机在内，一共损失了 3 架战斗机和 13 架俯冲轰炸机。直到这时，山口多闻才获知，他的对手是"企业号""大黄蜂号"和"约克城号"3 艘航空母舰。之前，虽然从前来进攻的美机数量上看，山口已预感到对方可能不止一艘航空母舰，但现在得知确切的消息仍使他十分震惊。即使不算刚刚蒙受打击的"约克城号"，美军还有 2 艘一流的航空母舰。

鉴于此，山口多闻下令，动用现有的全部可作战的飞机发动第 2 次进攻，否则就没有机会了。他把包括"赤城号"和"加贺号"上降落在此的飞机加在一起，组成了 10 架鱼雷轰炸机和 6 架战斗机编组的攻击队，指定由"飞龙号"飞行队长友永大尉率队攻击。山口对友永作了最后交代："不要再去攻击那艘受伤的航空母舰，要寻找另外的航空母舰，争取给美军以全面重创。"停顿一下，他又说："当然，如果在那片海域没发现新的目标，当然可以攻击受伤的敌舰。"

山口走下舰桥，到飞行甲板上和即将出征的飞行员们一一握手话别："拜托了，望勇敢战斗。牺牲的不只是你们，在你们前面有小林君，在你们后面有我。我随后就来。"最后走到带队长机小林道雄大尉面前站定，双手用力地扳住小林的肩膀摇了两下，目光中透出殷切期望："帝国兴衰，在此一举！"这句话是 37 年前联合舰队在日本海上决战俄国舰队时，东乡平八郎司令长官激励全军将士的一句名言。小林大尉激动得牙齿都在打颤，一句话也说不出来。他向山口敬了个礼，默默转身向自己的飞机走去。

参加攻击的飞行员们清楚，此行有去无回，而他们踏进机舱时个个面带笑容。率第 1 攻击波空袭中途岛时，友永座机的左油箱曾被击中，此时还未来得及修理。地勤人员对此表示担心。友永笑笑说："没关系，左边的由它去吧，把一个油箱加满就足以飞到敌舰上空了。"地勤人员犹豫片刻，把友永的飞机推向了起飞线。看着 3 艘航空母舰上的熊熊大火，友永痛感这场灾难全是由自己造成的。如果不是自己建议对中途岛发动第 2 次攻击，何至于造成整个舰队的混乱和被动，何至于让美国人抢占先机？友永扫视了一下正在发动的十几架飞机，罪责感越发强烈。

9 时 45 分，友永率领 16 架飞机依次起飞，领头的是友永那架尾巴涂成黄色的带队长机。甲板上的人们默默地目送机群远去，许多人脸上淌着热泪。

美军"约克城号"的雷达再次在几十海里以外捕捉到来犯的日机。全舰立即停止给战斗机加油，迅速排干加油系统，用二氧化碳将它封住，同时派出舰上的 14 架战斗机迎敌。此外，斯普鲁恩斯的第十六特混舰队也派出了一些战斗机。先起飞的 6 架美国战斗机方向没错，但高度与迎面而来的日本攻击队相差了 1500 米，因此双方没能碰头。

11 时 26 分，友永发现了一艘航空母舰。他根本来不及去寻找另外的航空母舰，前方就出现了一群美国战斗机。这艘航空母舰正是"约克城号"。不过，友永并不知道它就是"约克城号"，所有日本飞行员都以为是一艘从未受过伤的航空母舰。

日军 6 架"零"式战斗机成功地缠住了数量占优势的美国战斗机，而友永的鱼雷轰炸机编队则趁机扑向受伤的"约克城号"航空母舰。

11 时 34 分，友永下令已经散开的机群从不同方向对"约克城号"展开攻击。鱼雷轰炸机立即从 2000 米下降到离海面只有 100 米的高度，直扑"约克城号"。在距离"约克城号"500 米处，一架日军鱼雷轰炸机几乎贴着海面发射了鱼雷。鱼雷拖着白色的浪花与"约克城号"成直角射了过去。鱼雷轰炸机来不及拉起来，转舵从"约克城号"舰艏擦了过去。飞行甲板上的美国水兵望着脚下疾掠而过的飞机惊叫起来："日本人真敢玩命，竟然飞得这么低！"鱼雷轰炸机驾驶员没听到爆炸声，在脱离后，只见腾起的水柱正在下落，接着看到左舷中部冒出滚滚浓烟。

几乎同时，日军第2颗鱼雷插进了"约克城号"左舷靠前一些的部位。爆炸过后，"约克城号"失去动力，向左舷倾斜了17度，甲板上未固定的东西滑落海中。又过了10分钟，倾斜度已达26度，左舷飞行甲板的边缘几乎接触到海面。幸亏当时风平浪静，否则只需一个浪头，"约克城号"即会翻转倾覆。舰上的电力系统全部瘫痪，各部位的联系中断，燃油舱汩汩外淌的燃油随着倾斜的舰体向各个部位蔓延，只要有一丁点儿火星就会酿成全舰的大火。

11时45分，美军第十七特混舰队司令弗莱彻和第十六特混舰队司令斯普鲁恩斯收到了搜索机的报告："航空母舰1艘、战列舰2艘、重巡洋舰3艘、驱逐舰4艘，方位北纬31度15分、西经179度05分，航向0度，速度15节。"

11时55分，"约克城号"航空母舰上升起了蓝白色的信号旗——弃舰。300多名官兵抬着伤员，在极度倾斜的甲板上爬行着离开。

日军的第3颗炸弹也是最后一颗命中弹落入"约克城号"升降机的井里，在下面第4层甲板上爆炸，造成前汽油库和弹药舱隔壁的舱室起火，使弹药舱面临烈火引爆的巨大威胁。日本飞行员的攻击水平很高，第一次进攻就命中3弹。

◎ 与舰同沉海底

　　12时50分，"能参战的轰炸机立即起飞！"随着第十六特混舰队司令斯普鲁恩斯一声令下，集中在"企业号"航空母舰上的24架俯冲轰炸机，在加拉赫上尉率领下，离开舰队，直扑日军舰队。然而，还是没有战斗机护航，战斗机必须留下来保卫舰队，尤其在"约克城号"遭到空袭后就更显得非常必要。

　　此时，日军"飞龙号"上准备发起第3次攻击。从美军舰载机开始向"飞龙号"攻击以来，它已经遭到了79架美机的攻击，并成功躲避了20枚鱼雷和大约70颗炸弹。此时，舰员与飞行员早已精疲力竭，疲惫不堪。

　　"我们还能出动多少飞机？"日本机动舰队指挥官山口多闻问下属。

　　"只有6架战斗机、5架俯冲轰炸机和4架鱼雷轰炸机。"舰长加来止男大佐语气沉重地回答。

　　"告诉飞行员，抓紧时间休息，准备再次起飞。"尽管剩下的飞机少得可怜，飞行员经过一天的战斗也已精疲力竭，但现在不是慈悲的时候，山口决定再次攻击。当然，他也知道，以劣势兵力实施白昼攻击，胜算希望不大，所以计划黄昏时做最后的努力。那时，他为数不多的飞机就会有更多的机会冲破美军飞机的阻拦，击沉其航空母舰。

身中3弹的"约克城号"停在原地一动不动，舰上消防队很快就控制住了糟糕的事态。曾经一度撤离的消防队又重新登上去，千方百计地想再次救活这艘屡屡受创的航空母舰。经过2个小时的奋力抢修，蒸汽压力不断上升，抢修工作继续进行，"约克城号"的航速开始逐渐增加。"约克城号"奇迹般地复活，并继续投入战斗。其中修复飞行甲板仅用了25分钟，重新启动用了1小时10分钟。

与此同时，美军第十七特混舰队司令弗莱彻决定把帅旗从"约克城号"航空母舰移至"阿斯托利亚号"重型巡洋舰上。虽然"约克城号"一时还没有危险，但它作为旗舰已经不合适了。弗莱彻和他的参谋人员离开"约克城号"舰长巴克马斯特和他的舰员，彼此各司其职、互不干扰，这对于各有关人员都更合适。弗莱彻没选别的护航舰艇，之所以选中"阿斯托利亚号"，一来是因为它就在附近，二来是因为他的参谋长和亲密战友波科·史密斯正在该舰上指挥着各巡洋舰。

13时13分，弗莱彻的参谋人员开始从右舷攀绳而下，登上"阿斯托利亚号"的2号机动救生艇。弗莱彻刚跨出一条腿，又停下来对负责的水手长说："干这玩意儿我他妈的有点老啦，最好用绳子把我吊下去。"于是，两名水手兵把他像条大鱼似的拴在单套结绳子的一端，慢慢放了下去。17分钟后，弗莱彻一行登上"阿斯托利亚号"，继续指挥战斗。

15 时 30 分，美军"企业号"俯冲轰炸机编队在加拉赫的指挥下扑向日军"飞龙号"航空母舰。加拉赫的机群先是发现了海天相接处袅袅升起的几柱浓烟，那是被击中的航母。紧接着，他看见了北边不远处的日军"飞龙号"及其护航舰只。加拉赫故技重施，从背阳方向迅速接近目标。没有雷达的日军又一次措手不及，当几架"零"式战斗机前往拦截、高射炮匆忙开火时，俯冲轰炸机已经飞临"飞龙号"的上方。

15 时 31 分，日军第二航空战队司令山口多闻少将向第 1 机动部队指挥官南云忠一中将报告："我们计划用现存兵力，于黄昏时向敌发起进攻。"山口的乐观似乎有些滑稽可笑。其实不然，因为他确信他的飞机已击沉或重创了 2 艘美航空母舰。犯这种错误很正常，因为他的第 1 波攻击飞机报告说美军 1 艘航空母舰起火，第 2 波飞机又报告重创 1 艘航空母舰。山口并不知道两次攻击的是同一艘军舰。虽然山口的飞机损失惨重，但他对两次空袭的结果很满意，他打算将美国人的残兵败将彻底消灭。

此时，"飞龙号"在海上劈波斩浪，往返驰骋。舰上所有飞机都做好了起飞准备，舰员们齐声高呼：""飞龙号"，报仇雪恨！""飞龙号"开饭了，这是一天中仅有的一次，也是最后的晚餐。舰上所有人员，除了几个必须在空中巡逻的飞行员，都抓紧这短短的战斗间隙，狼吞虎咽地吃着香甜的年糕团。不过，他们并没有停下攻击的准备工作，而是边吃边干。

16 时 13 分，日军"苍龙号"航空母舰在天昏地暗的大海中很快便沉没了。一位曾在"滨风号"驱逐舰服役的水兵后来回忆：

我在担任警戒任务的"滨风号"上目睹了"苍龙号"的沉没过程，

现在回想起来真是痛心疾首。当时，"苍龙号"爆炸的巨响撞击着我的耳鼓，我浑身打颤，预感到不幸的事就要发生。果不其然，舰的后面火柱冲天，大概是轻油库和重油库都燃起了大火。我一直看着，只见舰艏逐渐抬高，"苍龙号"很快倾斜到60度左右，下面像有什么东西牵拉一样，平时看不到的吃水线下的红油漆映入眼帘，"苍龙号"下沉很快，只一会儿的工夫就沉入海底。自从1940年下水以来，我们像母亲一样珍视"苍龙号"，昔日的欢呼声，变成了如今的呜咽声。

美军"约克城号"的俯冲轰炸机得手后，抛下身后3股浓浓的烟柱，开始返航。空中仅有的几架"零"式战斗机也失去了往日的威风，忙着为自己寻找着陆点。"约克城号"的俯冲轰炸机很走运，在作战中没有损失1架飞机，只是在返回自己舰队上方后，有2架迫降在海面上。

16时25分，随着两声巨大的爆炸声，变成一堆废铁的"加贺号"航空母舰缓缓沉入海底。舰上2000多名官兵，三分之二被救出，其余800多名官兵死也不肯离舰。5万吨级的航空母舰"加贺号"是联合舰队的精锐，官兵们实在不忍离去，在一片悲壮的"军神护佑，武运长久……"的歌声中，与舰同沉海底。年仅18岁的水兵西园森次是"加贺号"航母的幸存者，后来他有过这样的回忆：

那一天，我坐在25毫米机枪哨位上监视空中。黎明时分，从中途岛飞来的美军歼击机纷纷被我军击落，我们非常兴奋，鼓掌欢呼。那些B-17轰炸机飞得太高，我们打不着，只能监视其动向。突然，随着"注意上空"的命令声,我感到一股强大的冲击力向我袭来,我马上失去意识,眼前一片昏暗。

被战友抱起来后,我渐渐苏醒过来。甲板在燃烧,空战可能还在进行。我前额受了重伤,但仍然坚持射击。不知是枪坏了还是怎么回事,不能连射,只能一枪一枪地射击。这时,"加贺号"已经停止移动,周围海面上的战舰和驱逐舰在做"之"字形运动,以规避敌舰袭击。"赤城号"在附近的洋面上冒着黑烟。

当撤离军舰的命令发布时,海里漂着许多人头,有被暴风掀落水里的,有被火焰逼下海的。为了活命,跳海的也不少。我从火海里冲出来,顺着吊梯滑入海里,拼命挣扎浮出海面。这时,我看到无数人头时隐时现,在海中翻滚挣扎。我抓住一块木板,后来木板不知怎么不见了,只能漫无目的地游动,喝了不少海水。幸亏"加贺号"附近有两艘驱逐舰赶来救援,我赶紧登上舰上放下来的救生船,才幸运地活了下来。被救上来的人身上充满烧焦的臭味,这味道我一辈子都忘不了。

美国特混舰队开足马力向东脱离了战场。"企业号"的俯冲轰炸机编队有14架飞机迫降海上,其中一部分是由于燃油耗尽。麦克拉斯基的飞机降在航空母舰上后,油箱里的汽油只够用来浸湿一条领带。

美国人走了,天空平静了下来,但水面上异常混乱。日军10多艘驱逐舰绕着3艘烈焰滚滚的航空母舰打转,舢板和救生艇在乱七八糟的漂浮物之间穿行。水面上几百名落水者拼命挥臂击水,想尽快离开那些不断发生爆炸的火球,他们身后的厚厚的油迹带着火苗随波蔓延。

第七章　350年来的大惨败

中途岛战役无论从双方投入的总兵力，还是局部战场兵力，日军均占有明显优势，却大败而归。美国海军部部长金上将曾作出如此评价："中途岛战斗是日本海军350年以来的第一次决定性的败仗，它结束了日本的长期攻势，恢复了太平洋海军力量的均势。"

◎ 山口多闻要复仇

　　美军太平洋舰队司令部里灯火辉煌，参谋们围在海图前你一言我一语，好不开心。然而，时间不长，喜悦之情即被疑惑取代。海图上新标的位置表明，特混舰队没有向西追击，而是向东撤离，逐渐拉开了与日军的距离。几个性急的参谋急忙向司令官尼米兹报告了这个情况，并建议尼米兹紧急干预，敦促第十六特混舰队司令斯普鲁恩斯立即向西面追击日军残敌。

　　听了这个消息后，尼米兹起初也有点不解。等他仔细听完情况汇报后，逐渐明白了斯普鲁恩斯的做法。他缓缓地说："我相信，斯普鲁恩斯现场的判断要比我们在这里的判断更正确。随着时间的推移，真相将会大白。我们没有资格对一个战场司令官的行动品头论足。"

　　其实，斯普鲁恩斯并不想脱离战场，他只是想暂时规避一下，但又不能走得太远，以免次日天亮后找不到日军舰队。斯普鲁恩斯这样解释自己的行动："一方面，我认为不应冒险与可能居于优势的日军舰队进行夜战；另一方面，我希望次日早晨别离中途岛太远。我们所在的位置应该是，既便于追击退却的日军，又能粉碎日军对中途岛的登陆。另外，附近海面也许还有日本航空母舰与其登陆编队一起行动，或者在西北海面仍有出现第 5 艘航空母舰的可能。"

日本联合舰队第 1 机动部队指挥官南云忠一等人乘坐的救生艇在水中颠簸前行，军官们强忍悲痛。参谋源田实中佐完全失去了往日的自信和沉着，声音嘶哑地嘟囔了一句："要是'翔鹤号'和'瑞鹤号'在这里就不至于败得这么惨了。"事实上，虽然"翔鹤号"和"瑞鹤号"在珊瑚海战中受了伤，但完全有可能赶上此次作战，比它们伤势更重的美军"约克城号"仅用了 3 天就修好了。日本人显然轻敌了，他们以为少了这两艘航空母舰仍然稳操胜券。不知是谁接了一句："这一仗将决定日本的命运。"听到有人如此残酷地道出众人心中埋藏着的绝望，艇上的人们猛然抬起头，没有一个人吱声。救生艇靠上了"长良号"巡洋舰，南云和他的参谋们径直上了舰桥。

"升旗。"南云低声吩咐。他仰起花白的头，目不转睛地凝视着低垂在旗杆顶端的将旗。曾经，这面旗帜伴随着他打通了太平洋和印度洋，可是现在……南云不由得长叹一声。仅仅一天，南云浑身的锐气荡然无存。

日本联合舰队司令山本五十六在他的旗舰上听到"赤城号""加贺号"两艘主力航空母舰遭到惨败和覆没的消息时，悲愤交集。他决心挽回败局，瞪着通红的眼睛大声下令："发报，赶紧发报。命令，角田觉治火速调'龙骧号'航空母舰投入中途岛战斗！"

此时，南云舰队的 4 艘航空母舰中，3 艘沉没，只有山口多闻的"飞龙号"航空母舰还在坚持战斗。当第 1 次发现美军舰载飞机时，山口曾向南云建议，立即打击美军的航空母舰。但是，遭到南云拒绝。山口感到危险将至，于是命令全舰官兵小心谨慎，"飞龙号"与舰队始终保持一段距离，所以美机轰炸时，该舰毫发无损。4 艘航空母舰已经有 3 艘被炸，唯独"飞龙号"还算安全，南云遂将空中作战指挥权交给山口，命令他立即对美军舰队发起空中攻击。现在就看"飞龙号"的了，日本人并不指望挽回败局，但至少应让美国人付出相应的代价。

"我们全部飞机正在起飞，前去消灭敌航空母舰。"山口多闻接到命令后，立即从"飞龙号"发来信号。山口并未消沉，全歼敌舰队的信心依然不减，尽管他也不知道对手到底有几艘航空母舰。山口不仅要挽回损失，还想反败为胜。

山口多闻，日本海军一流的少壮派将领，是一位头脑冷静而又刚强果断的指挥官，誓死效忠天皇、效忠帝国。1892 年 8 月 17 日，山口多闻生于东京的小石川区，中学毕业后进入海军学校就读，20 岁时就以该届（第 40 期）第 2 名的优异成绩毕业，并于次年升任少尉，后又到美国普林斯顿大学深造，毕业后历任日本驻美大使馆海军武官、联合舰队首席参谋、海军大学教官、海军军令部课长和战列舰舰长等职。

1939 年，根据联合舰队司令山本五十六的建议，山口被调往中国的汉口，任日本海军航空部队司令，参加侵华战争。1940 年，山口回国，出任第二航空战队司令。在多年的海军生涯中以勇敢且富有远见、头脑清晰而又能当机立断而著称，堪称日本海军最有才干的将领之一。海军军令部内定他接替山本五十六出任联合舰队司令。

山口多闻

　　山口多闻在中途岛战死后，他的同学、联合舰队参谋长宇垣缠在日记里写道："山口是一位有远见的人。他体谅别人，为人忠厚，行动果敢。他向上级很有力地提出种种积极建议，对作战胜利的贡献很大。在这方面，他比其他司令官更为突出，因此在海军拥有崇高的地位。"中途岛战役过后很长时间，日本海军中仍有人耿耿于怀地认为，如果当时不是由南云忠一，而是让山口多闻负责全面指挥，获胜的一方就是日本。因为南云缺少果断，而这恰恰是山口的优点，这一点在中途岛战役中非常重要。

　　日本联合舰队第1机动部队眼下的危局正好给山口多闻提供了力挽狂澜的机会。此时，整个舰队普遍感到绝望，当务之急是重振士气。山口集合全舰官兵，用镇定刚毅的声音说："第一机动部队已经失去了四分之三的航空母舰，唯一完好无损的是我们的'飞龙号'。危急存亡之际，你们和我身上寄托着帝国海军，不，是整个大日本帝国的希望。现在，我要求你们继续奋战，为帝国争光，为'赤城''加贺'和'苍龙'复仇！"

◎ 被冷落的功臣

17 时 3 分，"飞龙号"瞭望哨惊呼："敌俯冲轰炸机在头顶上！" 13 架美机背阳而下，向"飞龙号"直扑过来。"右满舵！""飞龙号"的加来舰长一声令下，避开了 3 颗炸弹。

加拉赫的座机对准"飞龙号"浅黄色的甲板直冲而下，炸弹落在目标后面的海里，紧随其后的 2 架飞机也没有命中目标。"飞龙号"笨重的身躯在加来舰长的操纵下，令人难以置信地左右急转，避开了美国人的一颗又一颗炸弹。美军几架攻击战列舰的飞行员灵活机动，他们发现加拉赫的机群攻击未果，马上抛开战列舰，掉转机头冲向"飞龙号"。4 颗炸弹瞬间从高空投下，连续命中，全部在舰桥附近爆炸。烈火完全挡住了指挥区的视线，不断诱发的爆炸一次次加重创伤。

"飞龙号"的第 3 波攻击飞机原定由桥本率领，他想在待命出击前抓紧时间打个盹。桥本刚刚闭上眼睛，猛然听到了可怕的爆炸声。刹那间，他被令人窒息的浓烟所包围。舱盖被关闭，过道上挤满了从底舱爬上来的人。接着，又一声剧烈爆炸把"飞龙号"震得直打晃，灯都熄灭了。桥本朝着亮处跑去，想吸口新鲜空气。亮处原来是炸出来的洞。洞外一切都在燃烧，幸亏桥本戴着手套，才能从洞里爬出来。他没戴帽子，火星溅在头上，头发也烧着了。旁边有人递给他一个面具，尽管那面具烧得只剩下一半而且上面全是灰，桥本却十分感激地把它接了过来。

加来舰长为避免"飞龙号"再度中弹，下令全速前进，由此而产生的风助长了火势的蔓延。当时位于"长良号"巡洋舰上的南云忠一等人看到"飞龙号"从舰艏至舰艉一片大火。这时，从"大黄蜂号"上起飞的15架美军轰炸机赶到。由于"飞龙号"已是一团大火，不需要再对其攻击，于是这批飞机转而向"利根号"和"筑摩号"巡洋舰发起攻击。投下的炸弹没有一颗击中目标。

21时23分，日军"飞龙号"完全失去航速，之后又完全失去动力，在原地漂浮，开始倾斜。"风云号"驱逐舰开到燃烧的"飞龙号"航空母舰旁边，协助灭火。"夕云号"驱逐舰在旁边一筹莫展。"飞龙号"舰员两次试图进入机舱都没有成功，它已完全无法拯救。这时，山口通过"风云号"驱逐舰向南云海军报告，接到的命令是"立即弃舰"。

6月6日凌晨，中途岛海域美军侦察机报告，发现中途岛以西的所有日军舰队都在集中向西移动。侦察机观察到的情况证实了夏威夷情报站事先通过测向电台得到的消息，日军不是在组织战斗，而是全线后撤。据侦察机在空中报告，从中途岛向西行进的2艘巡洋舰，后面拖着两条明显的油迹，可能是被炸伤了。喜讯传到美军太平洋舰队作战指挥室里，尼米兹和参谋人员登时群情振奋，欢呼雀跃。

前线的斯普鲁恩斯终于打破沉默，来电报告，日本舰队确实放弃了进攻中途岛的作战计划，正在全线撤退。他在无线电话中请示尼米兹："我代表第十六特混舰队请示将军，要不要追击？"

"我命令，不准追击。"在尼米兹将军看来，现在还不是穷追猛打的时候，尽管日军损失惨重，仍然具备反击的实力。冒险追上去，说不定会遭到伏击。当下必须谨慎行事，以按兵不动为好。尼米兹向参战部队发出贺电："参加中途岛战役的官兵们，你们写下了历史性的光辉一页！我为你们感到骄傲，我相信你们在将来的战斗中仍然会全力以赴，彻底打败敌人！"

当天的太平洋舰队作战纪要记载："今天是日德兰海战以来最大规模的海战，如果战局真的如已经显示的那样，可以说日本自开战以来的扩张已经结束了。只是我们损失了大批有经验的飞行员，现在还无法得到补充。"

稍晚一些时候，尼米兹收到美国海军部部长金发来的祝捷电报。电报全文用英语广播，美国本土、太平洋舰队以及正在败退的日本联合舰队都能在无线电里收听到。

太平洋舰队、海军陆战队、航空队和海岸警卫队官兵们：

我对你们在中途岛海域英勇卓绝的奋战表示极大的钦佩，对死难者表示沉痛的哀悼，相信你们英勇而果敢的行动会使敌人认识到，侵略意味着溃败和死亡……

尼米兹兴致勃勃地来到司令部作战指挥室里，身后跟着一位副官，抬着装有两打冰镇香槟酒的箱子。尼米兹笑容满面地对参谋人员说："来吧，请你们喝个痛快！谢谢上帝，它协助我们保住了中途岛！"

欢声笑语声中，有人提议，把情报专家罗彻斯特请来一起庆祝，没有他当初破译"AF"的电报密码就不会有中途岛的胜利。尼米兹立即派车去请这位破译密电的高手。罗彻斯特以为司令部有紧急任务，连拖鞋都未来得及换就乘车来到了司令部。罗彻斯特走进司令部作战指挥室里，严肃地给尼米兹行了个军礼，并大声说："太平洋舰队电讯情报站海军中校罗彻斯特前来领受任务，请将军下达指示。"

罗彻斯特一本正经的样子搞得在场的人哈哈大笑。尼米兹告诉他，战役已经结束，现在是大家聚在一起干杯祝捷的时候，并当场赞扬："罗彻斯特中校为这次战役立了大功，现在我提议，为他卓绝的工作和才能而干杯！"

罗彻斯特干了一杯后，爽快地表示，他作为一个译电员，只是完成了上级交给的任务。中途岛的胜利，首先应该归功于夏威夷情报站的全体成员和太平洋舰队的全体官兵。尽管尼米兹给予罗彻斯特高度评价，并为他请功，但是由于他的孤僻性格和同僚的嫉妒，加之海军部部长金认为在华盛顿、珍珠港等地从事密码工作的人成百上千，不应过于突出某一个人，所以这位功臣并未获得应有的荣誉。直到1986年，美国海军部才向已经去世的罗彻斯持追授国会勋章，以表彰他在中途岛战役中所做出的卓越贡献。

◎ 复仇不成葬身海底

6日1时整，美军第十六特混舰队司令斯普鲁恩斯决定不再向东撤退。他对部下说："好了，这段距离刚好够日军追赶一夜。等他们逼近的时候，天色会大亮，我们的舰载机又可以攻击他们了。如果日军不追，我们也可以在天亮前赶到中途岛，重演6月5日的那一幕。"

斯普鲁恩斯下令调整航向，向西南方的中途岛靠近。与山本五十六期待的相反，他的夜战计划一开始就出现了许多问题。山本以为，位于战场中心的南云舰队会遵令把美军舰队吸引在战场附近。然而，令山本没有想到的是，南云另有打算。南云失去3艘航空母舰后，虽然备感沮丧，但"飞龙号"航空母舰上山口多闻少将的斗志仍给了他一线希望。在山口的舰载机进行反击期间，南云向各舰发出简短命令："舰队集合，准备攻击敌人。"

南云率领舰队向东北方向行驶了一个多小时。然而，在接近美军的过程中，南云继续作战的信心越来越弱。他的担心并非没有道理：尽管还有"飞龙号"的舰载机可以用来进攻，但美军已经占据了空中优势，而且还有中途岛的岸基航空兵的支援。在这种情况下，美军肯定要和日本舰队保持一定距离，以发挥空中优势。不管怎么追，与美军接触交战的可能性是不大的，而且还会将自己置于敌人舰载机的攻击下。"飞龙号"损失后，南云认识到败局已定，他唯一的希望就是避免更大的损失。

南云和他的幕僚也与山本一样盼望夜幕降临，目的全然不同。山本要利用夜幕实现积极进攻的夜战，而南云要借助夜幕收拾残局和掩护撤退。南云的企图虽然比山本消极得多，但比较现实。如果在夜幕的掩护下寻求决战，势必无法顾及正在燃烧的航空母舰上的人员。倘若夜战成功，一切都好；倘若失败，前进得过远的舰队将更加难以脱离危险区。南云认为，最稳妥的办法是抓住拂晓前美军无法前来进攻的宝贵时机，救出航空母舰上的人员，并处理好这些遭受重创的舰只，同时尽快脱离美军舰载机和岸基飞机的攻击范围。这些工作需要时间，如不抓紧完成，天一亮就没有机会了。虽然很多人有类似南云的想法，却没有一个人敢站出来直言相谏。毕竟他们是败军之师，说出这种令人泄气的撤退意见，难免会被山本斥之为怯懦。

6月6日2时10分，遵照山口的最后指示，阿部海军大佐下令"风云号"和"夕云号"驱逐舰击沉"飞龙号"航母。

2时30分，美军飞机在漆黑的夜空中继续投弹，他们一定要亲眼看到"飞龙号"航空母舰沉没。山口让加来舰长召集全体官兵到甲板上紧急集合。火光照映着一张张沮丧的脸，除伤员外，还有800多人。山口对肃穆而立的官兵训话："我是这支航母舰队的司令官，由于我没能忠于职守，指挥无效，致使'苍龙'和'飞龙'遭到敌机攻击。我有愧于天皇陛下，有愧于大日本帝国。

我只能与本舰共存亡，献身天皇和帝国。现在，我以司令官的名义命令你们立即离舰，继续英勇战斗，直到最后胜利！"

有些官兵不肯离舰，请求和山口一起留在舰上献身，被坚决拒绝。这时，有人含泪从身边的淡水桶里舀了一杯水，当作诀别酒递给司令官。山口端起淡水，与部下凄然饮别。然后，大家忍痛向停在一边的"风云号"驱逐舰上转移。首席参谋伊藤海军中佐不忍离开山口，再次走上前哀声问道："将军，还有什么要吩咐的吗？"

"天皇陛下万岁，万万岁！"山口高喊着，顺手摘下战斗帽，送给伊藤，"留下做个纪念吧！"

伊藤默默地接了过去，并向司令官举手敬礼。"飞龙号"舰长加来止男决心留下来，并恳求山口离舰，理由是与舰共存亡的应该是舰长。山口摇摇头："不，我不能离舰。你想献身，那我们就一起献身帝国吧！"

这时，"飞龙号"的幸存人员已经开始向"风云号"驱逐舰转移。当最后一批人员离开"飞龙号"时，山口和加来登上舰桥，向长时间以来在他们手下服役的官兵挥手诀别。

之后，山口用一块布把自己绑在舰桥上，以确保与"飞龙号"航空母舰一起沉入海底。与他并肩绑在一起的还有舰长加来止男。

6日5时，中途岛上的美军指挥官把剩下的所有飞机派出攻击落在后面的日军"最上号"等4艘军舰。一天内连续多次的进攻中，美国人除一架被击中着火的飞机摔落外，没有一颗炸弹命中目标。最早发现蹒跚向西撤退的"最上号"等4艘日舰的是中途岛的美军岸基搜索机。后来，不同方向的搜索机相继发出令人鼓舞的报告："日本舰队已经离开昨天的位置，且都是背对中途岛。"

所有报告表明，日军放弃了进攻，打算撤退。美军两支特混舰队和中途岛的岸基飞机立即向西展开追击。这一天，斯普鲁恩斯的第十六特混舰队毫无收获。整个6日上午，斯普鲁恩斯都在为难：处于中途岛北面的特混舰队既可以挥师西南，收拾"最上号"等被认为是战列舰的目标，也可以进一步向西北追歼南云舰队的残部，后一个目标似乎更加诱人。此外，西南面的那几艘受伤的军舰已经有中途岛的岸基飞机去攻击了。权衡再三，斯普鲁恩斯下令向西北追击。

5时10分，日军"风云号"和"夕云号"驱逐舰开始向自己的"飞龙号"航空母舰发射鱼雷。一阵震耳欲聋的爆炸声后，"飞龙号"缓缓下沉。1小时20分钟后，受山本五十六指派寻找南云舰队的"凤翔号"轻型航母的一架侦察机发现"飞龙号"仍然漂浮在水上，并发现甲板上还有人活动。

山本将这一消息转发给南云，命令他立即核实，并尽一切努力援救幸存者。南云随即派"谷风号"驱逐舰和"长良号"巡洋舰的水上飞机寻找"飞龙号"航空母舰，但没有任何发现。"谷风号"在进行搜索的时候，遭到了美军舰载机多批次猛烈轰炸。这艘驱逐舰只受到一些轻微损伤。由于"谷风号"吸引了美机，致使附近的日军舰只没有被美军舰载机发现。因此，日军4艘沉没的航母上的幸存人员从救援的驱逐舰上转移的工作未受到干扰。随后，驱逐舰将救起的航母人员转移到"陆奥号""长门号""榛名号"和"雾岛号"战列舰。汹涌的波浪使驱逐舰无法靠拢战列舰，最后只好停航，放下小艇来往输送。转移工作一直持续到6日深夜，各战列舰的病舱和卧舱都挤满了伤员，大部分伤员受的是烧伤。

◎ 中途岛惨败震惊天皇

　　6 日清晨，潜伏在中途岛附近的日军"伊 -168 号"潜艇艇长田边弥八少佐收到一份特急电报，令其迅速抵达中途岛东北方 150 海里的水域，寻找并击沉一艘受伤的美军航空母舰。这个任务并不轻松，因为航空母舰周围一定会有驱逐舰护卫，潜艇很可能在抵达攻击位置前就被发现，并遭受深水炸弹威胁。一整天，趁潜艇驶向预定地点的空闲时间，田边一直待在驾驶台上苦思冥想：最好能在拂晓时找到航空母舰，这样既可以凭一点亮光看清猎物，又能借助比较暗淡的天色隐蔽自己。

　　夜色笼罩着浩瀚的大洋，海面上一片朦胧。"伊 -168 号"浮出水面，以 16 节航速向目标前进。越是接近目标区域，田边就越是小心谨慎。

　　6 日 8 时 20 分，日军"飞龙号"航空母舰终于沉没在北纬 31 度 38 分、西经 178 度 51 分的海域，飞机所发现的甲板上的人员是机舱人员。当时，日军驱逐舰发射的鱼雷恰好把下面甲板炸开一个豁口，奇迹般地使这些人从

"飞龙号"的底部逃了出来。"飞龙号"沉没后，他们漂浮在水上，后来被一艘美国军舰救起。

"飞龙号"在作战中，除自愿与舰共存亡的山口和加来指挥官外，还有416名舰员丧生。"飞龙号"沉没的附近海面上，漂满了血尸与残肢，惨不忍睹。当山口的死讯传到北方编队时，第二机动部队司令角田觉治对他的航空参谋奥宫正武说："山口海军少将要是担任机动部队司令长官多好，我情愿在他手下工作。"

6日9时，日本东京霞关大本营海军部作战室里一片寂静。人们反复翻阅一个小时以前接到的电报。电报并没有看错，"赤城号""苍龙号""加贺号"和"飞龙号"4艘航空母舰确实被击沉了，准备好的庆祝美酒喝不成了。开战初期，海军军令部总长永野修身曾经豪迈地说："2年内没有问题，2年以后说不准。"现在，不到半年就已经开始不乐观了。日本联合舰队司令山本五十六海军大将躲在舱房里，3天拒绝会见部下。联合舰队第一机动部队指挥官南云忠一海军中将在"长门号"巡洋舰上严厉自责，几次企图自杀，都被部下劝阻。

12时45分，美军"企业号"和"大黄蜂号"的54架轰炸机离开舰队上空，执行进攻只知道大体方位的南云部队的任务。这一天，退却中的南云部队非常幸运，他们的上空始终笼罩着大片低垂的云层。有好几次，舰队成员听见头顶上"隆隆"的飞机声。美军飞机返航途中，有几位飞行员发现了海面上有一艘孤零零的"巡洋舰"。其实，这是奉命处理"飞龙号"航空母舰的"谷风号"驱逐舰，完成任务后正在追赶舰队。这次美军飞机没有想到跟踪驱逐舰去寻找其他日本舰队，而是迫不及待地展开猛攻。

6 日下午，日本首相兼陆军大臣东条英机邀请轴心国伙伴德国和意大利两国武官在多摩川地区举行乘马会。游乐途中，参谋次长田边盛武驱车匆匆来到跟前，告诉东条中途岛惨败的消息。此前，海军军令部也获悉联合舰队惨败的消息。由于事情重大，无人敢向裕仁天皇报告。直到次日天皇垂询中途岛方面的战况，海军军令部总长永野修身才吞吞吐吐地报告了详情。天皇听完后，目瞪口呆，长时间说不出一句话来。

13 时 36 分，美军第 1 批 6 架俯冲轰炸机从天而降。1 个小时 30 分钟后，第 2 批 26 架俯冲轰炸机再次展开围攻。

6 日 15 时 30 分，南云收到"筑摩号"重型巡洋舰发来的灯光信号："我 2 号搜索机发现敌 4 艘航空母舰、6 艘巡洋舰和 15 艘驱逐舰。敌舰队正向西航行。"这个报告与事实相差甚远，但已经方寸大乱的南云宁可信其有，也不敢冒险了。南云看着摇摇欲坠的太阳，决心不理会山本的命令。他留下几艘驱逐舰打扫战场，率领主力向西北方向撤退。

15 时 45 分，美军第 3 批 6 架俯冲轰炸机又一次展开攻击。没有任何火力威胁，飞行员像演习一样，轻松地投弹，并互相逗笑："看那狗娘养的起火！……揍那狗娘养的……全都揍下来……你的炸弹果然击中了它。老伙计，棒极了……让我们来干掉它一两艘驱逐舰……打这些鬼子就像瓮中捉鳖，简直太容易了。"

一架美军攻击机显然没遇到过日军高射火力的威胁，其飞行员轻蔑地说："小日本用弹弓是打不到你的。"接着大喊一声："东条你这个狗娘养的，都派出来吧，老子照单全收！"

"谷风号"驱逐舰上的官兵认为战舰完了，唯有舰长胜见基中佐坚信可以突围。他操纵军舰左冲右突，时而加速猛冲，时而减速急退，有时急刹一动不动。空中的美国飞行员误以为军舰又会机动规避，自以为聪明地把炸弹投到想定的提前位置，结果大上其当。胜见没有单纯躲避，舰上所有武器不停地开火，对水面舰艇作战用的主炮也尽量向空中射击。一些美军飞机返航后发现，机身上有许多小弹孔，是日本水兵用机关枪扫射造成的。

美军走后，"谷风号"检查伤情，除了一颗靠近弹爆炸造成的轻微损伤外，居然安然无恙，而且还击落了一架美军俯冲轰炸机。事后，"谷风号"备受赞赏，由于它吸引了美军大批机群，因此集结在附近的日军舰队主力才没有被美军盯上。

美军的追击未能取得任何值得称道的战果。斯普鲁恩斯站在舰桥上等待着他的战机凯旋。"大黄蜂号"的飞机在日落时已经降落完毕，"企业号"的飞机还不知在何处游荡。斯普鲁恩斯决定，冒暴露位置的风险为飞机导航。整个舰队奉命打开全部灯光，巨大的探照灯光柱在夜空中交叉晃动，海面上一片通明。正在寻找航空母舰的美军飞行员欣喜若狂。飞机全部回收后，斯普鲁恩斯告诉部下："请别打扰我的睡眠。"说完，便酣然入睡。

按照斯普鲁恩斯临睡前的指示，美军第十六特混舰队把航向由西北改向正西。美军转移进攻矛头的命令意味着西北面的日军舰队主力摆脱了追击，同时也意味着"最上号"等4艘军舰成为美军的打击目标。

◎ 幽灵"伊-168号"

18 时 30 分，为了向山本解释自己的意图，南云向"大和号"发出报告："敌军兵力共有 5 艘航空母舰、6 艘重巡洋舰和 15 艘驱逐舰。敌军正在西进之中。我军正向西北撤出，航速 18 节。"

"看来南云是不想打夜战了！""大和号"舰桥上神情紧张的联合舰队参谋长宇垣缠发出低沉的声音，布满血丝的双眼露出可怕的愤怒。

"这是怯战，是逃跑！"一个参谋脱口向山本喊道。山本挥手制止了参谋们的咆哮。沉吟片刻后，他抬头问："近藤舰队是否已经接近白天的战场？"

山本在得到肯定的答复后，尽量控制住情绪，用和缓的口气下令："通知近藤中将，从现在起由他统率全部夜战部队，包括南云的第一机动部队。"

南云被剥夺了指挥权，这在太平洋战争爆发以来还是头一次。接到山本的任命后，近藤深感震惊。

20 时 40 分，日军联合舰队新任夜战部队总指挥近藤信竹毫不客气地给正在率领舰队西撤的南云忠一发去一份硬邦邦的电令："你部除正在从事救援任务的驱逐舰外，停止西撤，立即掉头向东，准备参加夜战！"

6月7日1时10分，"伊-168号"潜艇艇长田边弥八通过望远镜凝视着逐渐亮起来的天际，突然看见了一个黑点。"伊-168号"从西南方向迎着冉冉升起的太阳航行，艇上所有人清楚地看见衬托在天幕上的"约克城号"的轮廓。美军对隐藏在夜色中的"伊-168"潜艇毫无觉察。田边担心破浪航行的潜艇会被美军巡逻飞机发现，于是下令减速慢行。

7日拂晓，这一天原本是攻占中途岛的"N"日，山本照常乘电梯来到"大和号"舰桥。舰队已经离开中途岛600多海里了，舰队主力已经脱离了美国岸基飞机的攻击范围，即使美国舰队追上来，浓雾也为他们提供了很好的掩护。胃病发作、神经衰弱的山本唯一担忧的是"最上号"等4艘军舰的安全，如果能熬过今天，撤退就算成功了。

"大和号"和"长良号"巡洋舰桅杆上飘扬着山本和南云的旗帜。在战争爆发后的几个月里，这两面旗帜一直在太平洋上指哪打哪，所向无敌。如今的舰队辉映着惨淡的落霞，甲板上扩音器里已停止广播《海军进行曲》，只想着灰溜溜地向西北方向溃退。

至此，日本联合舰队共损失4艘航空母舰、1艘重型巡洋舰，另有3艘巡洋舰和驱逐舰受伤，被美军击落332架飞机，占全部舰载机的一半。死亡2800多名官兵，负伤的人数更多，各战列舰上的病舱和卧舱里躺满了伤员，过道上横七竖八地躺着烧伤的官兵。有的伤势严重，奄奄一息，无法挽救。为了减轻舰船的负荷，只好忍痛把重伤员抛进大海。

3时30分，山本得到报告："发现敌舰载飞机2架。"此时，山本率领的联合舰队已经远离中途岛 600 多海里，美舰穷追不舍。山本打算杀个回马枪，于是拼凑了 100 架飞机，待美国舰队追至威克岛岸基航空兵 50 架中型轰炸机的作战范围内，再发起攻击。

7 日 3 时，"伊 -168" 潜艇观察哨提醒田边："艇长，有驱逐舰。"

"下潜，航速降至 3 节。"田边果断下令，"伊 -168" 潜艇像鳗鱼一样悄然滑向目标。他透过潜望镜数了数，共有 6 艘驱逐舰，成两列环绕在距"约克城号"1000 米的外围，还有若干艘扫雷艇。

此时的海面上非常平静，潜望镜容易被发现。于是，田边收起潜望镜，靠听声音在水下继续前进。此后的接近动作异常缓慢。他每隔一小时才升一次潜望镜，观察片刻即收起。"伊 -168" 潜艇只有一次机会，没有十足的把握，田边决不会下令贸然出击。

田边突然听到头顶上传来驱逐舰驶过的声音，这说明"伊 -168" 潜艇已经进入美军警戒圈。9 时 37 分，田边再次冒险升起潜望镜，眼前出现了"约克城号"航空母舰庞大的身躯，连舰上每一张面孔都看得一清二楚。此时，相距不到 500 米。在这个距离上攻击，鱼雷会从航空母舰的下面钻过去。田边赶忙收起潜望镜，下令倒退。田边拼命抑制着自己的冲动。在这么多驱逐舰的警戒下，必须首发命中，否则自己将被消灭。

与"约克城号"相比，"伊 -168" 潜艇犹如鲨鱼嘴边的小鱼一样，提心吊胆地再次钻出警戒线，以便寻找一个合适的攻击点。这么一次微小的调整竟然花了近一个小时。10 时 30 分，当田边再次从潜望镜中观察时，"伊 -168" 与"约克城号"之间的距离正好相距 1500 米，更难得的是整个舰体的一侧全部横在"伊 -168" 潜艇的瞄准镜里。就在这时，一艘驱逐舰闯进了瞄准镜里。这是美军"汉曼号"驱逐舰。

随着田边一声令下，"伊－168"潜艇的2枚鱼雷应声射出。几秒钟后，又向同一方向发射了2枚。"约克城号"发现了4条白链似的鱼雷航道，舰上的机枪鸣枪报警。"汉曼号"拼命向鱼雷射击，想在鱼雷击中目标前把它们引爆，但是已经来不及了。"汉曼号"首当其冲，被第一枚鱼雷炸成两截，3分钟后就从海面上消失了。另外两枚鱼雷从"汉曼号"底下钻了过去，在"约克城号"上激起两声巨响。

4时59分，美军"大黄蜂号"的26架俯冲轰炸机在8架战斗机的掩护下出发了。斯普鲁恩斯过于谨慎了，8架战斗机根本不用起飞，因为目标上空不存在日本飞机。找到日军那几艘军舰太容易了，它们取最短的直线向西溃逃，根本没有机会做大范围迂回。不到2个小时，美军俯冲轰炸机就在中途岛以西500海里处盯上了目标。海面上一大片油迹在阳光下泛出显眼的光芒，很远就能发现。

在接下来的战斗中，"最上号"重巡洋舰两处中弹，一颗炸死了炮塔上的人员，另一颗命中中部，炸坏了鱼雷发射管。多亏舰上的消防官兵有先见之明，在前一天不顾舰长的反对，把鱼雷和深水炸弹以及所有易燃易爆的物品全部抛入大海。这样做的理由是："现在我们是逃命，而不是进攻！"由于舰上没有可爆炸物品，"最上号"虽然多处中弹，但没有引发致命的连锁爆炸。

◎ 被看穿，山本计划落空

7日8时，中途岛美国陆军航空兵的26架B-17轰炸机全部出动，决定大干一场。他们在空中搜索了半天，竟然没有发现目标。返航时，其中6架B-17轰炸机发现下方有一艘军舰。飞行员们把携带的20颗重达450千克重磅炸弹悉数扔了下去，军舰在15秒内就沉没了，他们报告说击沉了一艘巡洋舰。一艘巡洋舰在15秒内沉没，有点常识的海军人员都知道，别说20颗炸弹，就是40颗炸弹全部命中，也不可能出现这样的情况。

当得意扬扬的B-17轰炸机消失后，美国潜艇"茴鱼号"才敢再次露出水面。艇长奥尔森少校站在舰桥上，对着东方破口大骂："狗娘养的，放着日本人不打，专打自己的舰船。要不是老子在15秒内紧急下潜，我的潜艇就完了！"

7日15时，日本联合舰队司令山本五十六发出作战命令："在本地区作战的联合舰队各部队在威克岛航空兵攻击范围内接触并歼灭敌机动部队。"

美军第十六特混舰队司令斯普鲁恩斯早就料到了山本会有这一手，他根本就不想再追下去。

　　夜幕再一次笼罩了太平洋，斯普鲁恩斯的第十六特混舰队掉头向东。这次不是为了规避，而是班师回营。斯普鲁恩斯不想再追了，再追就超出了中途岛岸基飞机的警戒范围，同时也将进入威克岛日本岸基飞机的作战范围。特混舰队的任务是保卫中途岛，而不是进攻日军占领的岛屿。斯普鲁恩斯见好就收，山本计划就此落空。

　　当美军"企业号"上的人意识到战斗已经结束时，全舰上下一片欢呼。经历九死一生的海军上尉林赛说："我们的许多朋友牺牲了。战斗结束后，参战的人发现自己还活着，还能再干它一阵子，还能和伙伴们一起喝上几杯，就有一种说不出的欣慰感。"

　　中途岛海战中，美国损失1艘航空母舰、1艘驱逐舰和147架飞机，死亡307人。日本损失4艘航空母舰和1艘重型巡洋舰，伤1艘战列舰、1艘重型巡洋舰、1艘油船和3艘驱逐舰，52架飞机被击落，另有280架飞机随舰沉入海底，死亡3507人，包括几百名训练有素的海军飞行员。美国海军以少胜多，取得了决定性的胜利。日本海军遭到空前的惨败。经此一战，太平洋上的主动权开始转入美军手中。日本被迫放弃对斐济、萨摩亚、新喀里多尼亚岛的进攻计划。

　　6月8日1时58分，再次遭到重创的"约克城号"航空母舰在惊涛骇浪中徐徐下沉。"约克城号"可谓多灾多难，在5月初的珊瑚海海战中，就曾被日军打得遍体鳞伤，而今刚刚"康复"，又在中途岛战役中反复遭到重创。美军第十七特混舰队为了表示与它沉痛诀别，司令弗莱彻在"阿斯托利亚号"

巡洋舰甲板上，召集全体官兵集合列队，面对即将沉入海底的"约克城号"，齐声高唱海军军歌。弗莱彻及其他官兵痛心疾首，苍凉悲壮的歌声飘荡在茫茫大洋之上。"约克城号"在珊瑚海大战后，原本计划90天才能修好，为了急于参加中途岛战役，珍珠港技术人员以他们惊人的技艺在3天之内就把"约克城号"修好并推上前线。

与悲痛的美军官兵截然相反，日军"伊–168"上的水兵听到海面上巨大的爆炸声，欣喜若狂地拥抱在一起，"万岁"声在狭窄的艇舱内震耳欲聋。此时，艇长田边却异常冷静，他预感到灾难正在步步逼近。

战况

果不其然，几分钟后，美军的深水炸弹便在"伊–168"潜艇周围连续爆炸。田边用上了所有规避方法，可是总也躲不开头顶上接力赛一样轮番驶过的美军驱逐舰。第70颗深水炸弹在身边爆炸，"伊–168"全身剧烈一震，头顶上方的油漆开始一块块地剥落，艇内一片漆黑。前鱼雷发射舱和转向舵机舱开始进水，蓄电池损坏。漏洞很快堵住，蓄电池中的硫酸却慢慢地渗了出来，和舱里的积水混在一起，产生出氯气。人们呼吸越来越困难，连舱底的老鼠也跑了出来。然而，要到 16 时太阳落山后，"伊 –168"潜艇才能浮上来。熬到那时要 2 个多小时，"伊 –168"实在挺不住了，与其在水下憋死，不如冒死上浮，在海面上痛痛快快地拼杀一场。

13 时 40 分，"伊 –168"潜艇舱口盖刚露出水面，田边就一跃跳上舰桥。他惊奇地发现，附近海面空空如也，只有远处几海里外隐约能看到几艘驱逐舰。时间宝贵，"伊 –168"一边向远处躲避，一边紧急抢修、充电及排出艇内的有毒气体。时间不长，美军 2 艘驱逐舰便发现了正在逃跑的"伊 –168"潜艇。双方在海面上一前一后开足马力拼命追逐。潜艇肯定跑不过驱逐舰，双方的距离越来越近，炮弹激起的冲击波震撼着"伊 –168"。田边想掉转头来与驱逐舰同归于尽，望了一眼快要落山的太阳，他打算碰碰运气，再坚持 30 分钟有可能生还。此时，驱逐舰大炮的交叉火力越来越急促，弹着点也越来越近。

当机械师报告说电机已经修好时，田边赶紧下达命令："紧急下潜到 60 米！"在水下又熬了 1 个多小时，上面的深水炸弹逐渐稀落，表明水面上的驱逐舰已经走远了。田边当即下令"伊 –168"潜艇悄悄浮出水面。当看到夜幕初降的大海上空空如也后，所有能暂时离开岗位的艇员都涌上了舰桥。在潮湿的海风中，大家深深地呼吸着略带咸味的空气。

◎ 弥天大谎

6 月 9 日，日本天皇裕仁召开御前会议，讨论海军的对策。参谋本部次长田边盛武埋怨道："海军在战略上犯了一个大错误，这才导致不应有的惨败。"

首相兼陆军大臣东条英机说："海军不听陆军的劝告，非要打这一仗，否则是不会弄到这步田地的。"

海军军令部总长永野修身等海军官员对陆军骄傲蛮横、幸灾乐祸的态度极为不满，但战况确实不容乐观，他们自知理亏，只好耐着性子听凭陆军方面的数落。

与会者说完很长一段时间，天皇才叹了一口气："既然事情已经发生，这也不是海军的本意，就不要相互责难了。陆海军本是一家，应精诚团结。"

天皇看了一眼永野，继续说："朕希望海军的士气不要因此低落下去，变得碌碌无为，应当继续干下去。"

永野修身等海军将领听后，忙说："海军全体将士愿为帝国和陛下效命沙场，虽死无憾！"

天皇满意地点点头，问道："此次海军作战如何向国民交待？"

东条英机忙上前说："我们的将士正在各地战场上艰苦奋战，切不可把失败的消息泄露出去，否则定会影响士气。"

永野修身也觉得消息传出去于海军声誉大为不利，忙附和道："还是绝对保密为好。"

天皇问："怎么向国民公布战果？"

东条英机说："将战果大致情况发布一下，应付一下就行了。"

天皇说："也只能这么办了。"

天皇转头又问永野："联合舰队不日将返回国内，以军令部名义通知舰队全体将士，就地休整，不准擅自行动。在横滨郊外的横须贺港专门腾出一所医院，收治中途岛作战负伤将士，并严格警卫，任何人不得与他们接触，直至治愈创伤，恢复精神，归队为止。"

永野修身应声称是。

天皇又对东条英机说："陆军方面要协助海军完成此项任务。"

东条英机答："陛下放心，我即刻派宪兵维持海军岸上基地的秩序，不过需要海军密切合作。"

永野修身深知天皇及东条英机之意，却又无可奈何，于是说道："海军一定全力配合。"

按照东条英机和天皇的指示，中途岛海战中被击沉的航空母舰和巡洋舰上幸存的日军士兵，一踏上本土，立即被软禁在鹿儿岛基地，不能和任何人见面。伤员在夜间被送往医院。其他人一律不让休息，匆忙被派到太平洋上其他基地。对那些从沉没舰艇上死里逃生的官兵们集中管理，不准自由行动。一些随军记者回来后，也被无理禁闭，不允许向外界透露中途岛海战的真实情况。在中途岛战役中侥幸生还的渊田美津雄后来在他的回忆录中写道：

战役期间，我在"赤城号"上受了伤，后来转移到医疗船"响川丸号"上，并被送往横须贺海军基地。直到晚上街上没有人的时候方才把我送上岸。我被放在裹得严严的担架上从医院后门抬进去。我的病房是完全孤立的，不准任何护士或看护兵进来，而我也被告知不许和外界联络。所有中途岛战役中的伤员全部与外界切断了联系。这种以医疗为借口实行的禁闭，让我常常觉得自己像个战俘。

不仅所有涉及这次战斗的文件性材料被列为"绝密"，就连以这些材料为依据的作战后的报告之起草工作也受到极其严格的限制。日本投降前夕，所有这些文件都被烧毁了。

6月10日，日军海军军令部副总长和副海军大臣联名下达一项通知："中途岛海战中我方损失如下：1艘航空母舰损失，1艘航空母舰受重创，1艘巡洋舰受重创，35架飞机未能返回。"

同一天，东京的广播电台和报纸大言不惭地宣称，联合舰队一举攻占阿留申群岛，击沉美军航空母舰2艘，击落美机120多架。战果赫赫，胜利空前。这次中途岛海战中，日本帝国海军仅被击沉1艘航空母舰，1艘重伤，还有1艘巡洋舰重伤，损失飞机35架。另外，又以"节约报国"为借口，不准东京市民举行任何形式的庆祝会和提灯晚会。

6月11日，日本官方报纸《日本时报与广告报》刊登了一幅奇怪的图画，画着一艘美国航空母舰遭日机攻击，正在下沉的情景。图画上方的解说词是：海军再次取得划时代的胜利。画面的下方有一段热情奔放的文字，开头几行是："美国企图以舰载机对我们进行游击战之全部希望已成泡影。强大的帝国海军又击沉了2艘大型美舰。这一划时代的胜利是于6月4—7日奇袭阿留申群岛的荷兰港以及中途岛时取得的。战争开始时，美国有7艘航空母舰，现在只剩了2艘……"

　　同一天，日本一位名叫伊藤正德的文职海军问题专家发表了一篇广播讲话："鉴于中途岛战役的辉煌战果，我们不能因损失两艘航空母舰而垂头丧气，因为我们的所得大大地超过所失。"

　　6月13日，弗莱彻率领美军第十七特混舰队返回珍珠港。几个小时后，斯普鲁恩斯也亲率第十六特混舰队顺利返回基地。当所有部队进入港口时，太平洋舰队司令部升将旗表示欢迎致敬。总司令尼米兹将军及其参谋部成员们站在军港上迎接，并登上旗舰与指挥官和水兵们握手，感谢他们取得辉煌的战绩。舰队凯旋后，官兵中有的晋升一级军衔，有的荣获一枚银鹰军功章。

　　当天，尼米兹发表了著名的广播演说：

　　中途岛战役期间，我军各路官兵奋勇杀敌，恪尽职守，取得了巨大胜利。公民们现在可为之而欢欣鼓舞了。半年前的一个星期天，日本人破坏了和平，公然向我们驻守在瓦胡岛的舰队和陆军设施发动突然袭击……珍珠港的仇总算报了一些。最后把日本海军打得完全失去了战斗力，才能证明我们彻底复仇了……我们在这方面已经取得了初步胜利，日军已经感到了死亡的威胁，他们还会继续不安、恐惧和发抖。这是全能的上帝对他们的严厉惩罚！

美国总统罗斯福在致英国首相丘吉尔的电报中说："我们太平洋作战非常顺利。"丘吉尔当即发来贺电："这一值得纪念的胜利，不仅对贵国，而且对整个同盟国的事业有着重大的意义，对士气的影响是广泛而及时的。这一胜利扭转了日本在太平洋的优势。曾经使我们整个在远东的努力遭到挫败达6个月之久的敌人所炫耀的优势，现在已经一去不复返了。"

这一天，珍珠港基地一片欢腾。美国姑娘们邀请海军官兵在码头上露天跳舞。码头酒吧和餐馆老板免费供应了大批威士忌、香槟和白兰地。夏威夷市区一带也沸腾起来，装饰着鲜花的汽车和吉普车尾上拴着一条长绳，绳子上系满了酒瓶子，在马路上风驰电掣地跑来跑去。人们叫着，笑着，自从半年前珍珠港被日军偷袭后，美国人民从不轻易地流露出这种近乎疯狂的热情。如今，他们已经意识到，此役过后太平洋舰队就要发动反攻了。

6月15日，日本联合舰队参谋长宇垣缠下达了一个补充通知："除大本营公布的情况外，在海军内外都不许透露有关中途岛和阿留申战役的任何情况。在海军内部将公布'加贺号'已损失、'苍龙号'和'三隈号'遭重创，但这几艘舰的名字将不对外公布。"

同一天，日军大本营发表补充战报："先前所公布的奇袭中途岛的战绩中，还应加上1艘美'旧金山'级A级巡洋舰和1艘潜艇。"所谓"先前所公布"的战绩，是指2艘"企业"级航空母舰和1艘驱逐舰。更大的弄虚作假表现在有关日本所受损失的报道上。日本官方公报着重强调了北方行动的胜利，对于失利的一面则含糊其词。

日本联合舰队司令山本五十六电告舰队所有指挥官："敌舰队几乎全军覆没，正在向东败退。"

这个弥天大谎，也突出显示了山本内心的虚弱。

当将军们问山本："我们至此一败，该如何向天皇请罪？"山本铁青着脸说："要向天皇陛下请罪的只有我一个人。"

历史上规模空前的海空大战，至此宣告结束。中途岛战役，是世界海战史上以少胜多的典型战例。此役，无论从双方投入的总兵力，还是局部战场兵力，日军均占有明显优势，却大败而归。美国海军部部长金上将曾作出如此评价："中途岛战斗是日本海军 350 年以来的第一次决定性的败仗，它结束了日本的长期攻势，恢复了太平洋海军力量的均势。"

日军联合舰队从此一蹶不振，再也无力发动大规模的海空作战。日军一直拥有的太平洋战区的战略主动权被迫拱手交给了美国人。